日本史史料研究会ブックス

幕末大江戸のおまわりさん

Documents telling the story of the Shinchogumi: Patrolmen of Bakumatsu Edo

史料が語る新徴組

日本史史料研究会＝［監修］
Ninonshi shiryo kenkyukai
西脇 康＝［著］
Nishiwaki Yasushi

JN097457

文学通信

幕末大江戸のおまわりさん——史料が語る新徴組　＊目次

第一章　浪士組、江戸に結集

第四章　戊辰戦争と戦後の組士たち

はじめに――「おまわりさん」の起源へ

「おまわりさん」の名称は今日、庶民的で親しみやすい警察官を連想するが、その起源は幕末に江戸市中を巡回警備した新徴組《しんちょうぐみ》にあるといわれる。新徴組は幕府、出羽《でわ》庄内《しょうない》（鶴岡）藩配下の江戸治安維持部隊であり、精鋭の剣客《けんかく》集団からなっていた。「恐ろしき者といふなる新徴組」（幸田露伴『風流仏』）と江戸市民が恐怖におののいた存在であった。今日的イメージとはおよそ正反対である。

さて本書はその副題に掲げた通り、著名な「新選組」を主人公としたものではない。その本幹ともいうべき「大江戸のおまわりさん」こと「新徴組」を真正面から対象にした、現代語による解説録に近いものだろう。

しかし、そもそも新選組と新徴組は無関係ではなく、むしろ密接な誕生経緯があった。幕府が文久二年（一八六二）に募集した「浪士組」に集まった志士たちが、それぞれ分裂して誕生させたのであった。幕府の命令に従って江戸に帰還して、その治安維持に従事する大多数の新徴組と、そのまま京都に残留して幕府の側にたって、京都の治安維持に従事する少数の新選組となった。本書の前半では新選組にも関係する史料逸話が多く登場する。したがって、新選組の研究者や同好者にとっても、ぜひとも一読していただきたい内容を含んでいる。

本書の第一章では史実を確認しておくため、寺田屋事件から書き起こし、新徴組の前身である浪士組の動きとそれらを生んだ社会状況を確認する。第二章は江戸のおまわりさん＝新徴組の具体的な活動を追っていく。江戸のおまわりさんについて一刻も早く知りたい方は、そちらからお読みいただきたい。また、本書は新徴組や新選組に特化した関心だけでなく、新徴組を通して、幕末江戸のさまざまな事件や世相を紹介している。中盤第三章以降は、一話完結を心がけたので、飛ばし読みであっても、幕末の江戸を堪能《たんのう》できる楽しい読み物だと思われる。時代劇などの時代考証がなっていないとお嘆きの、玄人はだしの方には、ぜひお勧めである。

さて、史料そのものは概して淡泊な内容であることが多い。読む側に対する演出はきわめて抑制されている。もしも起承転結で完結するようであったり、あっと驚くような展開であるなどデキすぎの感があったり、名誉挽回や権利・利権につながるものであったりすれば、そこには少なからずフェイク（虚偽や捏造）が含まれている、と疑ってかかるべきである。このような批判的見聞姿勢が、現在ではもはや常道になってしまった。

　本書では著者の構想力や文章表現力の欠如もあって、できるだけ史料そのものに語ってもらう、史料の直訳にちかい現代文として紹介することに神経を傾注した。仮に、読者の皆さんからみて面白い内容であったならば、それは史料自体が面白いのである。その反対であったり、きわめて難解であれば、それは史料そのものの責任なのだと、著者は言い逃れたいのである。ただ、周知の通り史料イコール史実ではない。十分に史料を批判された上で、フェイクにくれぐれもひっかからないようにされたい。本書は読者の皆さん自身が判事として、被告の新徴組史料をいかに裁断されるのか、そのお手伝いをするための準備書面の一部なのだから。

　それにつけても、「尽忠報国《じんちゅうほうこく》」の志から浪士組に参加し、それを経て新徴組へ残留した志士たちの「本懐」は、はたして遂げられたのであろうか。彼らは庶民身分かそれに近い出自であったが、知識欲のあるインテリや、武術に秀でる剣客であったりして、熱意だけは人一倍であった。その過程こそ、たしかに劇的な展開をみせたが…。激動の幕末・維新期という時代に翻弄された彼らの人生の前半生を、史料の端々から読み取っていただければ幸いである。

　いわゆる幕末の通史叙述については、本書はこれを排除して執筆した。本文はほぼ時系列に従って書き進めたので、前もって幕末を扱ったノンフィクションなどを通読されることをお勧めしたい。

付記

巻末には研究を深化させる検索の便宜として、史料による新徴組年表、人名・地名などの索引を用意した。また、本文を含めた固有名詞の表記は史料原本にしたがい、著者の註記はつづけて（ ）をもって併記した。ただし漢字表記は、ご本人が生存される場合を除き、高校日本史教科書で採用されている略字体新字を採用した。たとえば「嶋澤」「萬條」は「島沢」「万条」に置き換えた。略字の「斉」は「斎」とした。また、江戸時代の漢字表記は音通を優先したかなり緩いものであったから、たとえ本人であっても「助・介・輔・佑・亮」、あるいは「蔵・造・三」を混用している場合すらある。これらの表記統一が進んだのは、明治五年（一八七二）「壬申戸籍」以降とみなされる。したがって、これらについてもあえて統一することは避け（どの漢字を採用すべきかの根拠を示せない）、本文・索引ともに必ずしもいちいち註記を施さなかった。

なお、新徴組の単独「お廻（巡）り」と庄内藩江戸勤番の「お廻り」とを、明確に区別できない史料が多々あったが、あえてそれに踏み込むことはしなかった。また、新徴組の「隊士」という表現は当時はほとんどなかったようである。浪士組・新選組についても同様「組士」が一般的であったようだ。年表をつくりながら本文を何度も点検してみたが、あらためて気づくのは史料それぞれによって、記述の詳細について齟齬《そご》・矛盾がみられることである。江戸三笠町から黐木《もちのき》坂への新徴組屋敷の移転や長屋普請についての経緯などである。しかし、本書の執筆方針として、史料と史料のつじつまあわせをあえてしなかった。それらの検討は、次なる「史実としての新徴組」へ迫るための課題である。

また、かつてNHKテレビの時代劇で取り上げられた組士中沢良之助（諱《いみな》は貞祇）妹の中沢琴については、新徴組が存在した当時の史料にはまったく出てこず、もっぱら明治時代以降の回想記事や伝承などによったものである。したがって、本書でも取り扱えなかったことをあらかじめお断りしておく。

新徴組の組士を網羅してその個人のアウトラインをお知りになりたい方、あるいは最後の組士千葉弥一郎についてご関心のある方は、ぜひ拙編著『新徴組の真実にせまる―最後の組士が証言する清河八郎・浪士組・新選組・新徴組―』（〈日本史史料研究会ブックス００１〉二〇一八年文学通信発行）の浪士組・新徴組士一覧、人名索引と解説をご覧いただきたい。

史料の出典について

本書で取り上げた史料は、そのほとんどが翻刻・公刊されていて、一定のトレーニングを経ればだれでも読むことができる。

そのなかで本書でもっとも登場頻度が高い史料は、東京都公文書館に写本が所蔵されている、通称「藤岡屋日記」である。「藤岡屋日記」とは、後世つけられた便宜的な通称である。江戸神田御成道《おなりみち》で古書店を営む藤岡屋由蔵《よしぞう》は、化政期頃から副業として「情報屋」を始め、時系列で情報原簿を書き継いでいた。その原本は大正十二年（一九二三）の関東大震災によって焼失したらしいが、それ以前に調製された写本が伝存するのである。

藤岡屋の「情報屋」稼業は有料の会員対象であって、会員には少部数の肉筆「情報誌」（冊子）をもって回覧形式で提供されたものと想定される。不特定多数を対象として発行される新聞・雑誌などとは違い、その巧妙な秘匿性と営業形式によって幕府の処罰対象とはならず、これが営業を継続できた理由でもあったろう。その収録期間は文化元年（一八〇四）から慶応四年（一八六八）の六五年間に及ぶ。内容は江戸幕府の公布した法令類とその周辺、幕府人事の更迭《こうてつ》や処罰者の通知、幕府へ上申された訴願書類・建白書など、幕府公式行事の紹介などを中心としながらも、とりわけ三面記事的な事件の風聞と世人の動向は豊富・圧巻で、災害や奇譚《きたん》など様々の記事からなる。その信用度がきわめて高いと思われる幕府「官報」告示的な記事から、眉唾《まゆつば》ではないかと感じられる疑わしい噂話に至るまで、それらが客観的に収録されている。なお、本書内で取り上げた会話文も史料によるものであって、著者が創作したものではない。その記述のなかには、関連する狂歌・川柳なども挿入・記載される。

その情報源の多くは藤岡屋による取材ではなく、持ち込みであったようだ。持ち込んだのは幕府の高位役人から、一般市民に至るまで多岐に及んだとみられる。購読会員の中心は、総務・渉外部門を担当していた諸藩の江戸留守居であったことが確実視される。出典を明記しないものの、今日までに藤岡屋日記を題材にして出版されたエッセー・実録・シナリオ・小説などは、枚挙にいとまがない。とりわけ幕末の江戸を語るには、ほとんど伝存する史料がないなかで、この「藤岡屋日記」に依存しなければならない。残念なのは目次はもちろん、細目や索引などまったくないため、すべてを通読しなければならない難儀さが伴うことである。

この史料はすでに鈴木棠三・小池章太郎両氏編『近世庶民生活史料　藤岡屋日記』全一五巻（一九八七～九五年三一書房発行）として翻刻・公刊されている。その分については、本文の末尾に収録巻数と頁を「(『藤岡屋』一一・二六一頁)」などと略記した。なお、「藤岡屋日記」の本文中で、ほとんどコメントなしで狂歌・川柳・狂俳・漢詩などの風刺文がところどころで挿入されている。これらを藤岡由蔵の作品とする見方もあるようだが、著者は回覧形式情報誌の顧客読者が投稿した作品の秀作であったと憶測している。すなわち、そのおこりは読者側が回覧紙に勝手に書き込んだものかもしれないが、やがてそれらの秀作を由蔵が紹介するようになり、ついには点取り俳諧のごとく由蔵が点者となって、別のサービスを購読者に提供するようになったのではないか。そうであれば、さすが商才にたけた由蔵の人物像を彷《ほう》彿《ふつ》とさせる。現存する「藤岡屋日記」は完成されたものの写本であって、筆跡の相違などを比較・検討できないのが残念である。

組士千葉弥一郎の回想録については、著者が編著としてすでに『新徴組の真実にせまる―最後の組士が証言する清河八郎・浪士組・新選組・新徴組―』(〈日本史史料研究会ブックス001〉二〇一八年文学通信発行)として刊行している。これについては、本文でそのように断っておいた。

そのほかの史料についても、すでに著者らがかかわった展示仕事において、次の通り刊行している。頻度の高いものは太字で示した。

○西脇康・中西崇「富士吉田市歴史民俗博物館所蔵文書」(『日野市立新選組のふるさと歴史館叢書』第一輯、第二篇第三章、二〇〇六年日野市発行)

文久三年二月〜慶応四年四月十九日　**新徴組勤番日記**　分部実敬

○同「鶴岡市郷土資料館所蔵文書」（前掲『同』第一輯、第二篇第四章）
元治元年五月二日～慶応三年七月　**新徴組御用私記**　田辺儀兵衛
○西脇康「鶴岡市郷土資料館所蔵文書」（『同』第三輯、第三篇第一章、二〇〇八年日野市発行）
一　文久三年　『**操兵練志録**』陽十二摘録
二　元治元年　『**同**』陽十三摘録
三　元治元年　『**同**』陽十四摘録
四　慶応元年～同四年　『**同**』陽十五摘録
○同「鶴岡市郷土資料館所蔵文書相田家史料」（『同』第四輯、第三篇第一章第三節、二〇〇九年日野市発行）
一　元治元年八月『**新徴組掛り御役人石附姓名并新徴組明細帳**』
二　元治元年六月『**新徴組御宛行金・御役金其外取調帳**』
○同「鶴岡市郷土資料館所蔵文書」（『同』第一〇輯、第三篇第一章第一節、二〇一二年日野市発行）
一　元治元年～慶応三年　**新徴組御用記**
二　中村一麟日記筆叢　十（抄録）　慶応元年
三　中村一麟日記筆叢　十一（抄録）　慶応四年
四　文久三年一一月九日　上野直記宛鞍貫藤三郎書状

五　大正一三年一二月一〇日　石原重俊宛千葉弥一郎書簡

○同「鶴岡市湯田川温泉隼人旅館所蔵文書」（前掲『同』第一〇輯、第三篇第一章第二節）

一　慶応四年　新徴組組士喜瀬十松　道行文

二　明治四一年五月　新徴組残留品提供の記写

○同「富士吉田市歴史民俗博物館所蔵・寄託文書」（前掲『同』第一〇輯、第三篇第一章第三節）

一　安政五年中秋　書して同志に贈る「伊香保温泉に遊ぶの記」清河正明著

二　文久三年三月二八日　浪士組入隊につき御届書

三　文久三年三月二八日　浪士組入隊につき御届書案

四　文久三年一〇月　浪士組入隊につき御届書

五　文久三年一一月二五日　新徴組御委任につき老中被仰達

六　文久三年一一月　御府内昼夜廻りにつき老中申渡写

七　文久三年一一月　新徴組庄内藩主へ御任せにつき老中達写

八　文久三年頃　新徴組之内武蔵・上野・甲斐三箇国より罷出候者之中土着願上候ニ付心得之件々大概

九　元治元年二月　御家人身分止宿等之大法につき申渡

一〇　慶応元年二月　庄内忠義之大名え出府前御渡相成度御書面之案

一一　慶応元年九月六日　口上覚
一二　慶応元年一二月　旗本切捨一件につき諸達願写
一三　慶応元年一二月　旗本切捨一件につき諸達願写
一四　慶応元年一二月二七日　旗本切捨一件につき申達写
一五　慶応二年正月朔日　庄内藩主・新徴組取扱頭取へ幕府御褒状につき披露之御達写
一六　慶応三年七月　新徴組士風につき肝煎一同口上覚
一七　慶応四年正月一六日　新徴組御屋敷桑原様御宅桑原甲斐宛土御門殿御役所差紙
○同「東京大学史料編纂所所蔵採訪写真帳抄録」（前掲『同』第一〇輯、第三篇第一章第四節）
一　万延元年七月日〜慶応二年六月　**修行日記帳**　第二号
甲陽都留郡上暮地産早川文太郎源義信
○同「鶴岡市郷土資料館所蔵文書」（『同』第一一輯、第二篇第一章第一節、二〇一四年日野市発行）
一　文久二年　原氏写　風説書（幕末の政情に関する覚書）
二　文久元年〜明治二年　聞書雑書（抄）
三　万延・文久年間　温海組大庄屋御用留抄

四　荘内脱藩勤王志士資料　　清川八郎（抄）
五　**大府輯録四十五**　文久二年上（抄）
六　**大府輯録四十七**　文久三年壱（抄）
七　**大府輯録四十八**　文久三年弐（抄）

○同「根岸友憲氏所蔵文書」（前掲『同』第一輯、第二篇第一章第二節）
一　文久元年正月二五日　　根岸友山・青山賢兄宛清河八郎書状
二　文久元年二月二日　　根岸友山宛清河八郎書状
三　文久三年正月七日　　根岸伴七宛清河八郎書状
四　文久三年正月二五日　　根岸伴七宛清河八郎書状
五　文久三年二月三日　　根岸伴七宛根岸友山書状
六　文久三年二月二四日　　根岸伴七宛清水卯三郎書状
七　江戸年未詳九月二五日　　根岸伴七宛千葉周作書状
八　文久三年七月四日　　根岸伴七宛町田賢蔵書状
九　文久三年二月　　浪士上京之節連名上書之写
一〇　文久三年二月　　**御用留**
一一　文久三年三月　　**根岸友山　御用留**

一二　文久三年初夏　**一番組根岸友山　御用留**　第壱冊
一三　文久三年六月　**新徴組一番根岸友山　御用留**　第二冊
一四　文久三年晩秋　**新徴組一番根岸友山　御用留**　第四冊

○同「中村定弘氏所蔵文書」（前掲『同』第二輯、第二篇第一章第三節）
一　文久三年正月晦日　根岸友山宛北野小兵衛書状
二　文久三年四月二九日　中村伊右衛門宛中村定右衛門書状
三　文久三年一〇月二八日　中村定右衛門宛山田宗司口上
四　文久三年一〇月晦日　中村定右衛門宛宗右衛門書状
五　文久三年一〇月頃　新徴組中村定右衛門明細短冊
六　文久三年頃一二月三日　中村定右衛門宛三上七郎書状
七　文久三年臘月一八日　中村定右衛門宛根岸友山書状
八　文久三年頃　新徴組剣術教授方小頭中村定右衛門印鑑
九　文久四年二月八日　中村定右衛門宛根岸友山書状
一〇　文久四年二月八日　中村定右衛門宛根岸友山書状
一一　文久四年二月二二日　中村定右衛門宛塚田東作書状
一二　文久四年二月二三日　新徴組田辺富之祐歎願書

一三　文久四年二月　　　　　中村定右衛門宛申渡
一四　文久四年二月　　　　　熊谷在原島村名主四郎兵衛宛中村定右衛門書状
一五　文久四年二月頃　　　　中村定右衛門宛田口徳次郎舌代
一六　元治元年六月　　　　　中村定右衛門宛申渡
一七　文久三年一〇月　　　　新徴組規則控　中村定右衛門
一八　文久四年正月　　　　　**御用留**　中村定右衛門
一九　文久三年～元治二年三月七日
　　　　　　　　　　　　　　新徴組一条（中村定右衛門等赦免歎願留）

これらについては、本文末尾に（「新徴組御用私記」）などとして略記して、できるだけ明示した。

また、小山松勝一郎氏の『新徴組』（一九七六年国書刊行会発行）の叙述であって、典拠史料を現在までに探し出せなかったものについては、本文末尾に（「小山松」）と略記させていただいた。

そのほかの新徴組の史料については、庄内の鶴岡市では鶴岡市史編纂会編纂『明治維新史料』幕末期（鶴岡市史史料編　荘内史料集一六―一〈一九八九年鶴岡市発行〉）などにおいて、これまで翻刻・紹介されてきた。

このうち、鶴岡市郷土資料館の所蔵史料については、今野章氏の「庄内藩江戸市中取締について　付新徴組史料解題」(『日野市立新選組のふるさと歴史館叢書』第一〇輯、第二篇第一章、六七~七四頁)から多くを学ぶことができる。

また、ウェブサイトでもデータベースが配信されている東京大学史料編纂所編『維新史料綱要』(https://wwwap.hi.u-tokyo.ac.jp/ships/shipscontroller)も利用した。

史料にもとづく新徴組の通史については、次の拙稿をもとにした。研究史の流れや詳細な典拠については、これらをご参照いただきたい。

○西脇康・藤井和夫『図録　日野宿本陣　佐藤彦五郎と新選組』(〈日野宿叢書第二冊〉、日野市新選組まちおこし室制作、二〇〇四年日野市発行)

○西脇康「清河八郎の書画・刀剣稼業について―商才に満ちた江戸遊学―」(〈日野市立新選組のふるさと歴史館叢書第一輯第二篇第一章〉、日野市立新選組のふるさと歴史館製作、二〇〇六年日野市発行)

○同『常設展示　解説図録　新選組・新徴組と日野』(〈同館叢書第六輯〉、同館製作、二〇一〇年同市発行)

○同「企画コーナー展示　新選組誕生前夜~新選組の『生みの親』清河八郎~」(〈同館叢書第九輯第一篇〉、同館製作、二〇一二年同市発行)

○同「巡回特別展　新徴組　江戸から庄内へ、剣客集団の軌跡」（〈同館叢書第一〇輯第一篇〉、同館製作、二〇一二年同市発行）
○同「巡回特別展　新選組誕生と清河八郎」（〈同館叢書第一一輯第一篇〉、同館製作、二〇一四年同市発行）

清河八郎の新説については、かつて加藤貴氏（早稲田大学教育科学学術院講師）とともに整理・保存に関わった「原胤昭《はらたねあき》旧蔵資料」（千代田区購入・所蔵）が典拠となっている。この史料は、江戸町奉行所与力を世襲した原家伝来の古文書類が市場に出たものである。そのなかに、文久元年（一八六一）の清河八郎町人斬り一件についての真相を語る、町奉行所側の内部史料が含まれていた。

その全体像は、すでに拙校訂「廻り方手控　六　文久元年七月越後新潟より羽州鶴ケ岡出役書留　清川八郎事跡　山本（啓助）」（千代田区教育委員会・千代田区立四番町歴史民俗資料館編集『原胤昭旧蔵資料調査報告書（3）—江戸町奉行所与力・同心関係史料』二〇一〇年同会・同館発行、一一六〜一六一頁）において公刊された。それをもとにした同館主催歴史講座の講演録を、「見直されるべき清河八郎の町人無礼討—新発見史料による真相と再評価の必要—」（千代田区立四番町歴史民俗資料館編『千代田の幕末』二〇一〇年同館発行）として、その要点につき著者が発表させていただいた。

これにより、時代小説などで描かれる従来の通説、すなわち「清河八郎は酒に酔って、罪なき一町人を斬殺して、御尋ね者になった」という汚名・濡衣《ぬれぎぬ》はほぼ晴らされたと思われる。この清河の「町人斬り」は、江戸町奉行所が長らくの内偵を経て、政治犯容疑の江戸尊攘派を一網打尽にする逮捕計画のなかで、まさに不可避的に起こった不幸な事件であった。江戸日本橋甚左衛門町《じんざえもんちょう》（現中央区）における衆人環視のなかで、町奉行所は多数の捕吏《ほり》（同心・下引・岡引）をもって取り囲んだが、こともあろうかその逮捕に大失敗した。清河に接近して斬殺された「町人」は、町奉行所の捕吏であったことが確実視される。町奉行所がその隠蔽工作として、「町人斬り」による逃亡だとすりかえて誇大宣伝した事件なのであった。

清河は庄内藩郷士という下級の武士身分の家に生まれた。しかし、武士の特権とされる「無礼討ち」はそもそも無条件のものでなく、事後に町奉行所などへ出頭して細々《こまごま》とした手続きを重ね、「無礼討ち」に該当する事例かどうか幕府の審判を受ける義務があった。武士とはいえ郷士であり、正々堂々と出頭しては、別件の尊攘派活動の容疑をもってきびしい拷問を受け、不本意に「自白」させられる危惧もあった。

清河自身の著述「潜中紀事」（山路弥吉編纂『清河八郎遺著』一九一三年民友社発行）によれば、この時は自身が捕縛の対象とされていたとは、露も思いあたらなかったようである。あまりに無防備・大胆な政治活動と江戸市中往来であった。ここは事態を正確に把握するためにも、一時逃亡して静観するしか選択肢はなかったであろう。

清河八郎の近年の研究は、石島勇氏の訓註『清河八郎著「潜中紀事」訓註』(『日野市立新選組のふるさと歴史館叢書第一二輯』二〇一四年日野市発行)や、徳田武氏『清河八郎伝　漢詩にみる幕末維新史』(二〇一六年勉誠出版発行)などが刊行され、大変に啓発される。

第一章　浪士組、江戸に結集

第一節　寺田屋事件から浪士組集結へ

幕府、「大赦」へ傾斜する

いまだ機は熟していなかったのであろう。幕末政治史ではあまり深く掘り下げられていないが、尊攘派志士にとっては仕切り直しとなる寺田屋事件から、本書を書き起こしていこう。

寺田屋事件とは、薩摩藩の実権を握る藩主の実父島津久光が、京都周辺にいた同藩の尊皇《そんのう》攘夷《じょうい》派を一斉に弾圧・粛正したもので、以後久光は江戸の幕政に公武合体派として参画し、文久改革の推進力となった。

幕末の政局は江戸ではなく京都を舞台に展開していく。

そのなかで、文久二年（一八六二）四月二十三日京都伏見でおこった寺田屋事件は、幕府のとってきた尊皇攘夷派志士に対する弾圧策を劇的に変更させる起点となった。この事件を契機にして、幕府が尊攘派志士に対して、「国事犯《こくじはん》」大赦《たいしゃ》という寛大な姿勢をみせはじめるのである。

寺田屋事件にも深く関与した志士清河八郎（清川八郎）は、幕府が逮捕の標的とする人物の一人であったが、当時は本人もそのことをまったく意識せず、江戸で学問と剣術を指南する私塾を経営しながら、尊皇攘夷の実践の機会をうかがっていた。ところが、町奉行所が逮捕しようと張り込んでいた当日、偶発的に起こった「町人無礼斬り」事件によって、意外な展開をみせていく。

その前年文久元年（一八六一）五月二十日のことであった。清河は日本橋で挑発してきた町人（町奉行所配下の捕吏らしい）を「無礼討ち」にしてしまったのである。「無礼討ち」とはいっても、町奉行所へ自訴して所定の手続を経て審判されなければならなかったから、そのまま逃亡した清河は単なる「町人斬り」の殺人犯となった。一方、清河を逮捕できなかった町奉行所の面目は、まるつぶれとなった。そこで町奉行所は容疑を「尊攘志士」の不法過激行動から、「町人斬り」（単純な殺人事件）に切り替えて全国指名手配し、清河はまさに逃亡の渦中にあった。

幕府の「国事犯」大赦の動きを感知すると、清河は同志・知己《ちき》のネットワークを活用して、

清河八郎肖像　文久二年（1862）初夏
藤本鉄石画　清河八郎賛（清河八郎記念館所蔵）

幕閣へつながる人物に上書《じょうしょ》を託し、建白運動を精力的に繰り広げていく。

文久二年（一八六二）閏八月、清河は同志の大赦を願う松平春嶽《しゅんがく》（前越前藩主）宛上書を水戸の住谷《すみや》寅之介を経て、旗本の山岡鉄太郎（鉄舟）と土佐藩士の間崎《まさき》哲馬に託した。間崎は、山内容堂（前土佐藩主）のもとで活躍している江戸の安積《あさか》塾以来の親友であった。同志池田徳太郎は、朝廷への上書工作を成功させ、九月下旬には投獄中の清河八郎実弟の斎藤熊三郎と池田徳太郎・石坂周造を仮出獄させた（十二月十六日赦免）。

清河は十一月十二日春嶽宛上書において、「国家急務三事」として攘夷断行・大赦発令・天下英才教育を建白した。

清河八郎の赦免

これらの政界工作が奏功することで、幕府は文久二年（一八六二）十二月八日、清河の献策を採用した。これに伴い清河は、十一日水戸から江戸に出て、幕臣山岡鉄太郎のもとに身を寄せていた。こうして清河は十八日に町奉行所へ出頭し、「無礼人斬り」を届け出て、北町奉行浅野長祚《ながよし》から赦免を申し渡され、晴れて身柄は浪士取扱頭取《とうどり》へ移管された。幕府は十二月三十日清河の登用を正式に決定した。

この間、清河は同年十月頃に、かねて文通していた武州熊谷近郊（現埼玉県熊谷市）の尊攘派豪農根岸友山を訪れ、次への布石を投じていた。

幕閣、浪士対策を決断

文久二年（一八六二）十二月五日、将軍徳川家茂《いえもち》が別勅使に「奉勅攘夷」を誓約した瞬間から、幕閣は新たな課題を抱え込んだ。将軍が上洛《じょうらく》する京都には諸国から浪士たちが続々と結集しており、この勢力に対応し統御できる力量を幕府自身が持たなければならなくなったのであった（宮地正人『歴史のなかの新選組』二〇〇四年岩波書店発行）。

幕閣で浪士組の政治決断を下した老中の中心は、儒学者山田方谷《ほうこく》をブレーンとした板倉勝静《かつきよ》（備中国松山藩主）であり、強い影響力を持った政事総裁職の松平春嶽（前越前藩主）は、儒学者横井小楠《しょうなん》と平田国学に傾倒する中根雪江《せっこう》をブレーンとしていた。さらに、春嶽を支援する幕政参与の山内容堂（前土佐藩主）と尊攘派の媒介となっていたのが清河の親友間崎哲馬であった。

また、京都守護職の松平容保《かたもり》（会津藩主）は、この課題の最前線に立たされていて、以上の人間関係が浪士対策に直接かかわることとなった。

同月十日には、その責任者である浪士取扱頭取に三河国長沢住居の名族旗本松平主税助《ちからのすけ》（上総介、諱忠敏）が指名され、のち浪士取扱に山岡鉄太郎が任命され、十九日に老中が志士清河八郎の献策を採用して、「浪士組」の募集を布告した。

取り次いだのは清河の同志、尊攘派旗本の山岡鉄太郎であった。その献策は松平春嶽を経て、秘密裏に幕閣へもたらされたのであった。その条件は「尽忠報国」の志《こころざし》とされ、犯罪歴等は不問とされた。この超法規的措置は明らかに、清河が社会復帰するために配慮した幕府の演出であった。二十四日には旗本の鵜殿鳩翁《うどのきゅうおう》が浪士取扱頭取に増員された。

文久三年（一八六三）正月二日、清河は松平春嶽に再度上書をしているが、この頃、山岡鉄太郎は清河・池田徳太郎・石坂周造と相談し、浪士組徴募の実務に取りかかっていた。その分担は清河が全体を統括し、池田が武蔵・上野・甲斐の三ケ国を、石坂が安房・上総・下総・常陸の四ケ国を徴募する計画であった。なお、幕府は正月七日庄内藩へ清河召し捕え指令の撤回を通達した。

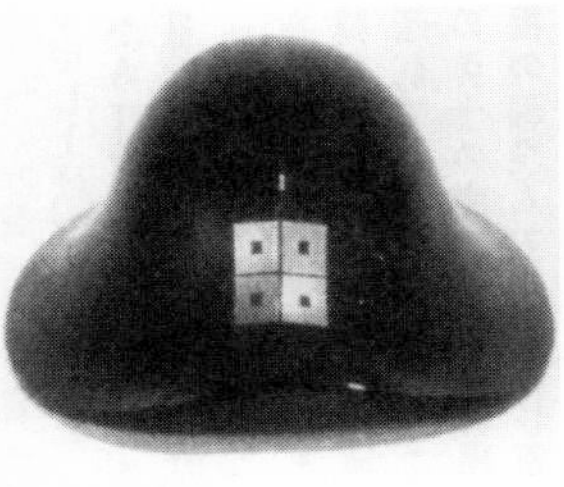

浪士組の陣笠（個人所蔵）
正面の平《ひら》四つ目結《ゆい》紋は、近江源氏佐々木氏系の家紋に多い。

根岸友山が浪士組上洛の際着用の陣羽織（子孫所蔵）

北関東への徴募活動

文久三年（一八六三）正月七日、清河は書状をもって知己の豪農根岸友山に有志募集の周旋方を依頼し、あわせて池田徳太郎を紹介して北関東の徴募を開始した。これに協力したのは、根岸友山母の実家当主で、中山道桶川宿（現埼玉県桶川市）本陣の府川甚右衛門であった。池田は府川らから案内人として加藤鍵次郎、高本村（現熊谷市）の神主徳永大和《やまと》の便宜を受けて同行し、十三日には秩父で五〇人ほどを徴募して寄居《よりい》宿（現埼玉県寄居町）へ移動、さらに上野国太田（現群馬県太田市）へとめざましく行動した。十六日、根岸は周辺の剣術家小高泰助や都筑兵庫への募集依頼もし、自らも応募の決意を固めた。こうして二十九日桶川宿本陣に応募者が一旦集合し、二月朔日《ついたち》に志士一同は山岡鉄太郎・松岡万《つもる》の出迎える庚申塚《こうしんづか》（現豊島区巣鴨）に到着し、山岡邸を訪問して馬喰町《ばくろちょう》（現中央区）へ止宿《ししゅく》して指示を待った。

根岸友山肖像
（根岸友山・武香顕彰会提供）

浪士組の編成

　文久三年（一八六三）二月三日、浪士組の小頭《こがしら》として武蔵国では根岸友山・徳永大和・常見一郎が内定した。四日、江戸小石川（現文京区）伝通院の塔頭《たっちゅう》処静院の北隣にあった学寮大信寮に集合した志士一同を対象にして、浪士組組士の選抜が実施された。

　その結果、将軍上洛の先供《さきとも》として中山道を経由して上京する浪士組は二三六人とふくれあがった。組士の待遇は二人扶持《ぶち》（給与米）・金一〇両を基本とする薄給であった。浪士組は三〇人からなる七組と、それらを統括する取締付の一組に編成され、一組は三隊（一隊一〇人）からなり、同郷者を中心に組織されたのであった。

根岸友山のグループ

　一番組の小隊小頭となった根岸友山は、武蔵国大里郡甲山《かぶとやま》村（現埼玉県熊谷市）の豪農で、自宅に剣術道場と漢学塾を開設し、甲源一刀流の免許を得ながら北辰《ほくしん》一刀流も学んでいた。

清河八郎とも交友があり、また長州藩士との接触もあった。友山は比企《ひき》郡志賀村（現埼玉県嵐山町）名主の倅で甲源一刀流の道場主水野倭一郎らにも声をかけ、自分の門弟・食客・知己らとともに浪士組に参加した。

江戸試衛堂・近藤勇のグループ

江戸牛込柳《やなぎ》町（現新宿区）の天然理心流《てんねんりしんりゅう》道場試衛堂（試衛館）から浪士組に参加したのは、道場主近藤勇《いさみ》をはじめ土方歳三《ひじかたとしぞう》・長倉（永倉）新八・沖田総司《そうじ》・藤堂平助・原田左之助・山南《やまなみ》敬助（以上は六番組）、井上源三郎・馬場兵助《ひょうすけ》・中村多吉（以上中山道日野宿出身）などであり、いずれも多摩地域と深い関係があった。

第二節　組に集う人々、離れる人々

浪士組の上洛と分裂

文久三年（一八六三）二月八日、浪士組総勢二三六人が京都へ向けて中山道を上った。一行は二十三日に洛外の壬生《みぶ》村（現京都市）に到着し、新徳禅寺や町屋に分宿した。翌日浪士組は清河の提案で新徳寺へ集合し、朝廷の教育機関である学習院へ奉勅攘夷の建白を行った。二十九日学習院国事掛からその建白を嘉納した勅諚《ちょくじょう》が下された。

その頃、英国艦隊は生麦《なまむぎ》事件への巨額な賠償金を求めて江戸湾へ進入し、江戸の留守幕閣にその返答を迫っていた。文久三年（一八六三）三月三日、朝廷は浪士取扱頭取の鵜殿鳩翁と浪士取扱の山岡鉄太郎に帰府の命令を下した。これを受けて浪士組は十三日に京都を出立し、浪士組は京都へ来てわずか一〇日間で、江戸に帰ることとなった。江戸には二十八日に到着した。

これに対して、芹沢鴨《せりざわかも》や近藤勇らは、京都の天皇や奉勅攘夷を誓った将軍の警護が浪士組の最優先任務であり、それを放棄して戻ることは納得できないと、清河と意見が真っ向から対立した。結局、芹沢や近藤ら約二〇人は浪士組を離れて京都に残留した。ただし、多摩系の天然理心流門人がすべて京都に残ったわけではなかった。日野宿関係の馬場兵助や沖田林太郎（元白河藩士）などは江戸へ戻り、土方歳三や井上源三郎などは京都に残った。

事実上、浪士組の分派としての新選組（当時は壬生《みぶ》浪士組）の誕生であった。

浪士組、甲州で追加募集

文久三年（一八六三）三月十三日、浪士取締頭取の鵜殿鳩翁、浪士取扱の高橋伊勢守（泥《でい》

舟《しゅう》）の附属組士二〇九人が（「小山松」）、京都を出立した（「新徴組勤書日記」）。二十二日、信州下諏訪宿（現長野県諏訪市）において、鵜殿・高橋は於曽《おぞ》村（山梨県甲州市）の内藤弥三郎、甲府の土橋《どばし》鉞四郎《おの》・山本仙之助らに甲斐国の巨摩《こま》・八代《やつしろ》・山梨三郡において、都留郡上暮地《かみくれち》村の分部《わけべ》宗右衛門と早川文太郎には都留郡において、それぞれ有志募方《つのりかた》を命じ、募状《つのり》一通と手当金一〇両を渡した。鉞四郎は今福村（現中央市）の生まれで、森本氏や森士氏を称し、当時は甲府に居住していた。仙之助はもと修験で当時は侠客《きょうかく》であった。宗右衛門は本姓を藤原、諱は啓佑を称し、文太郎は暮地を苗字として名乗ったこともあり、二月二十九日に京都で浪士組に登用された。

分部と早川は二十二日金沢宿（現長野県茅野市）、二十三日甲府、二十四日川口村（現山梨県河口湖村）の神職高橋豊前宅へ泊まり、同村の中村左京が同意・志願したため同道を約し、二十五日ともに上暮地村の自宅に戻った。分部は二十六日上吉田・下吉田（現富士吉田市）へ出張して渡部始夫二《しぶじ》と盟約し、つづいて各地の有志に吹聴《ふいちょう》したとする。

三月二十八日、清河八郎らに率いられた浪士組二〇九人は攘夷実行のため江戸へ帰府し、本所三笠町「浪人屋敷」を中心に、付近の旅籠《はたご》屋に一時分散・宿営することとなった。これに浪士組上京後に駆け付け、江戸「留守御警衛」を命ぜられていた浪士一一六人が合流して、合計三三五人となった（「小山松」）。

一方、甲州都留《つる》郡に出張していた分部宗右衛門と早川文太郎は、四月六日同郡で募った浪士を同道し、居村の上暮地村（山梨県富士吉田市）を出立し、九日に江戸本所「三笠町御用屋敷」に着いたとする（「新徴組勤書日記」）。

早川の日記によれば、上府に際して道中の瀬場宿（現長野県塩尻市洗馬）で金一両二分ずつをくだされ、同六日雨天のなか出立し、駒橋宿（現大月市）横尾貞秋方で休み、それから鳥沢宿（現同前）の井上半次郎方で一宿した。七日には朝稽古《あさげいこ》をして四ツ時（午前一〇時）に出立し、境川（現笛吹市）で昼弁当、吉野宿（現小菅村）の桑原常次郎宅へ立ち寄り、駒木野宿（現東京都八王子市）の川村恵十郎《えじゅうろう》（小仏関所番の下級幕臣、天然理心流剣客）方で一宿した。八日、八王子宿大横町の阿部先生（完堂?）方で酒を頂戴し、新宿の島村屋で一宿、九日に神田お玉ケ池（現千代田区）の岩井某に立ち寄り、本所三笠町（現台東区）の浪士詰御用屋敷へ着き、九つ時（正午）屋敷詰になったとする。

早川文太郎（暮地義信）の武者修行と浪士組参加

甲斐国都留郡上暮地村に在住した分部宗右衛門の新徴組参加については、文久三年（一八六三）三月二十八日に本人が幕府代官内海《うつみ》多次郎の谷村《やむら》御役所（現都留市）へ差し出した上申書によれば、次のように記される。

宗右衛門は幼年の頃から剣道執心につき、かつて江戸奉公中に神田お玉ケ池の北辰一刀流剣術家千葉周作へ入門・修行して、門人に多くの知人があったが、近年は居村に居住して名主役をつとめていた。ところが、三河国岡崎宿近くの豊川稲荷へ心願があって、当年二月に参詣のため中山道をのぼる途中で、千葉周作の門人から次の募集を耳にした。

今度幕府が諸国から尽忠報国の勇志を募集しており、御用にたつ者は浪士取扱掛の御役人方が京都へ召し連れると。もとより執心の道であり、未熟ではあるが稽古には精進しており、御用に立ちたいと鵜殿鳩翁へ願った。面接では国所・親・妻子の有無と身分を御糺しになったが、つぶさに申し立てたところ浪士人数へ御組入れとなり、道中入用をくだされて上京詰めになったとする。

他方、新徴組に参加した早川文太郎も、同国同郡の上暮地村の在住で、百姓代伝兵衛の倅であった。文太郎が残した記録によれば、自身の苗字として出身村名にちなむ暮地氏のほか早川氏（「幕府臣早川氏」）・原氏（「原信義、本甲斐国武田浪臣」とも見え、いわゆる甲斐国特有の帯《たい》刀《とう》浪人の系譜を主張）を使い分けており、新徴組では早川文太郎で統一していた。また本姓を源《みなもと》、諱《いみな》を義信と称していたことが知られる。

文太郎の新徴組参加については、文久三年十月に上暮地村新屋組役人惣代の百姓代保平が幕府代官増田安兵衛の御尋に対して、同人の谷村御役所へ差し出した届書では、次の通りで

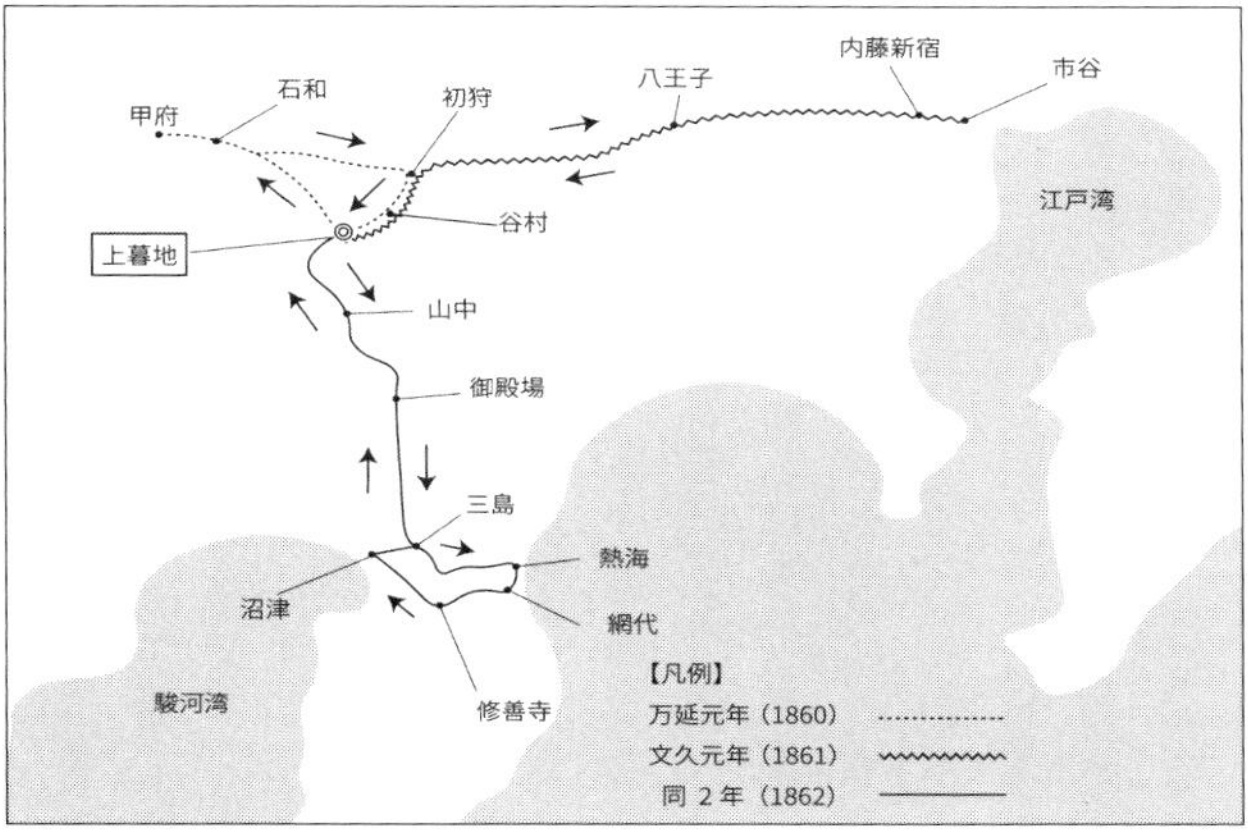

早川文太郎の武者修行

あった。すなわち、当村元名主・当組元名主の（分部）宗右衛門と同人弟才輔、百姓代伝兵衛倅（早川）文太郎の三人が農間に剣道見習を心がけていたためか、当年春に浪士組に御抱え入れとなった、と簡潔に述べられている。しかし、文太郎が万延元年（一八六〇）七月に書き始めた「修行日記帳　第二号」（収録期間は万延元年十一月二十二日～慶応二年六月、裏表紙には「攘夷」と大書される）には、万延元年十一月二十二日以来の武者修行と、浪士組への参加の経緯が詳細に記録されている。これは文太郎の武者修行のすべてではないが、これによる経緯は次の通りであった。

第一回目の武者修行は、万延元年十一月二十二日に上暮地村を出立し、国中筋《くになかすじ》（甲斐国のうち都留郡以外の西部地域）へ出かけている。当日は八代郡黒駒宿（現山梨県笛吹市）の梶原武左衛門方へ泊し、翌日から小山村《こやま》（現同前）を通って石和宿《いさわ》（現同前）、さらに甲府表に出て、甲府御勤番の青山氏（未詳）方で宿泊した。翌日からは東郡筋休息村（現甲州市）の小菅七郎宅へ泊して山梨郡へ戻り、甲府表の青山氏方で二十七日まで逗留した。さらに一里ほど在方にある湯村（現甲府市）で入湯・一泊し、ただちに甲府城郭内にあった青山氏方の御屋敷内で寒稽古をした（委細は未詳）。十二月五日には同氏宅を出立し、山梨郡栗原筋の休息村（現甲州市）小菅七郎宅で泊した。それより同国都留郡初狩宿（現都留市）の大屋へ泊し、谷村を通って境村（現同前）の天野方へ立ち寄り、同月六日上暮地村に帰宅したとする。この時は、甲府城郭内の甲府勤番衆青山氏の道場を拠点として、周辺地域の道場へ出稽古に赴いたことがうかがえる。

第二回目の武者修行は、文久元年（一八六一）六月二十四日に江戸を目指して出立している。当日は下鳥沢宿（現山梨県大月市）の大舛屋で昼弁当をとり、川部通りを下って境川で宿泊した。二十五日から二十七日は「コナシ」という場所で昼弁当をとり、日野宿（現東京都日野市）・高井戸（現同杉並区）・新宿（現同新宿区）で休息し、急いで江戸市ケ谷柳町（現同）に宿泊した。二十八日から同所に逗留してさまざまの用事を済ませた。

帰路は七月二日に江戸表を出立し、甲州道中日野宿の浅田屋で宿泊したが、ここで「時候アタリ」（暑気あたり）を煩った。三日は鳥沢宿に泊し、同四日に帰宅を果たした。この時は、江戸市ケ谷柳町を拠点として江戸での用事を済ませたとあるが、江戸で拠点とした地名からは天然理心流の近藤勇道場（試衛堂・試衛館）かその周辺に逗留して稽古したと推測される。天然理心流も文太郎を魅惑する剣術であったのだろう。

第三回目の武者修行は、同二年十二月三日に伊豆・駿河を目指して上暮地村を出立している。途中都留郡山中村（現山梨市山中湖村）の御番所（口留番所）「耕作方」に立ち寄り稽古を願ったが叶わなかった。ただちに出立して駕籠坂峠で中食（昼食）をとり、駿州駿東郡御殿場宿（現静岡県御殿場市）の名主伊右衛門方で当夜は宿泊した。翌四日は豆州三島宿（現三島市）の樋口伝左衛門宅へ泊し、五日朝に木俣藤吉方裏で皆々と稽古を果たした。

さらに豆州韮山《にらやま》村（現伊豆の国市）の幕府代官江川太郎左衛門の家来小川義左衛門（小川茂右衛門）方で稽古を願ったが、主人が病気とのことで叶わず、平井村（現函南《かんなみ》町）名主（杉崎）五郎右衛門宅で宿泊した。江川太郎左衛門（英龍）といえば、神道《しんとう》無念流の免許皆伝として著名である。しかしその家来小川義左衛門を、江川文庫所蔵の幕末の代官所勤務日記類では確認できない。文字の誤読や誤記もありうるから、小川姓にしぼって探してみた。江川英龍が家来としてではなく、江戸の御鉄砲方組同心として召し抱えた者であれば、小川栄次郎とその伜平三郎の姓名が確認できたが、彼らは韮山ではなく江戸の在番であり、しかも時期が合致しない。幕末ではこのほかに、小川惣右衛門・小川茂右衛門・小川実蔵・小川金藏・小川金次の名前が登場するが、はたして江川の家来であったのか、その素性はまったく判然としない。

そこで、著者がかねてよりお世話になっている江川文庫の橋本敬之先生にご教示を仰いだところ、小川茂右衛門が有力候補にあがった。原本を確認したが、茂右衛門と判読することもできそうである。その来歴は次のようであった。

享保期に江川家は代官を一時罷免され、それに伴い伊豆国は三島代官が管轄・支配するようになった。三島代官はその手代小川茂右衛門を金谷村へ派遣・居住させ、江川家に代ってその家来の住む金谷村の支配を担わせた。宝暦九年（一七五九）江川家が代官に復職すると小川家にその任務はなくなったが、その後も同家は金谷村に住み続け、三島代官の手代であった時に拝領した土地を耕作し、代官江川に年貢を納める「地主」百姓として定着した。こうして幕末になって、その末裔《まつえい》の小川茂右衛門が江川家の家来に召し抱えられ士分となったのであった。ただし、剣術家や武芸に通じていたとする確証はいまだ得られないそうだ。主人と同じ神道無念流の剣客であった可能性はあるが、たんに主人との取り次ぎをしただけの家来であったかもしれず、これについては後考をまちたい。これより熱海を越え六日は坂口屋に宿泊した。

七日は下多賀・網代《あじろ》（現熱海市）辺りから修善寺《しゆぜんじ》（現伊豆市）辺へ出て、「売笠村《うりゆう》」（現伊豆市瓜生野《うりゆうの》）名主（塩谷）六左衛門方で宿泊した。九日は沼津宿で水野出羽守の家来（沼津藩士）

小野方へ稽古を願ったが、一人者の稽古は受け入れないと断られ、沼津宿の日吉屋へ宿泊した。沼津藩士小野とは、同藩剣術師範で神道無念流免許の小野房精《ただきよ》（通称は順蔵）に比定される。同家は甲州武田氏の家臣曽根下野守の子孫を称し、駿河国駿東郡柳沢村（現沼津市）に帰農して同村の名主をつとめていた。その八代目房敷《ただのぶ》（通称は条輔・順蔵、一七四二〜一八一二）は房精の祖父にあたるが、同村の領主である旗本内藤氏の家臣に登用され、代官などを歴任した。そして、その子房貞《たださだ》・孫房精は転じて、沼津藩の剣術師範をつとめたとする。

翌十日朝に出立して上暮地村へ帰宅した。この時は、都留郡山中村の御番所耕作方、三島宿の木俣藤吉方、韮山村の幕府代官江川太郎左衛門の家来小川義左衛門方、沼津藩士小野房精方での、それぞれ「押しかけ」稽古が目的であったことが明白である。距離と時間の正確なデータが得られないのが残念であるが、朝は夜明け前に出立して、晩は日暮れてもしばらくは平然と歩き続ける、相当な強脚の持ち主であったことはまず間違いない。一日あたり五〇キロ前後の歩行はなんのその、というイメージであろうか。文太郎は剣客だけではなく、「健脚」家でもあったのだ。

早川の浪士組参加

こうして、どこから情報を得たかは未詳だが、文太郎は浪士組への参加の意志を固めたらしく、文久三年正月十三日に江戸を目指して出宅した。その日は同郡境川（現山梨県笛吹市）に宿泊し、十四日は甲州道中の府中宿（現東京都府中市）松本屋で宿泊した。そして、十五日夜から江戸吉原（現台東区）で三夜連泊し（思い残しがないよう今生《こんじょう》と決別し、決死の覚悟を固める儀式であろうか？）、十八日は浅草町で宿泊した。

十九日には神田お玉ケ池（現千代田区）の北辰一刀流剣術の千葉先生（道場）へ入塾し、二月六日まで稽古をした。同日は市ケ谷谷町（現新宿区）の猶次郎方に宿泊した。七日に国元への帰途に立ち、武州八王子宿（現八王子市）大横町の阿部（完堂？）先生方に宿泊し、八日は相州吉野宿（現山梨県小菅村）の桑原常次郎方で宿泊し、九日に帰宅した。

この時は、浪士組応募を前提とした実績・履歴づくりの総決算として、千葉道場へ正式に入門することが目的であったことが明白である。八王子宿の阿部先生とは、千葉道場系の免許皆伝者ではなかったかと想像されるが、詳細は不明となっている。この時の帰村は、浪士組参加のための最終調整であったと推測され、浪士組一同とは別に単独で上京を目指すこととなった。

こうして二月二十一日に京都を目指して出立し、甲府表柳町の大坂屋で宿泊して甲州道中を経由し、二十二日金沢宿（現長野県茅野市）泊、二十三日下諏訪で昼弁当をとって中山道に入り、贄川（現塩尻市）の脇本陣米山で宿泊し、二十四日は須原（現大桑村）で宿泊した。二十五日は大井宿（現岐阜県恵那市）の大津屋為蔵方で、二十六日は加納宿（現岐阜市）で、

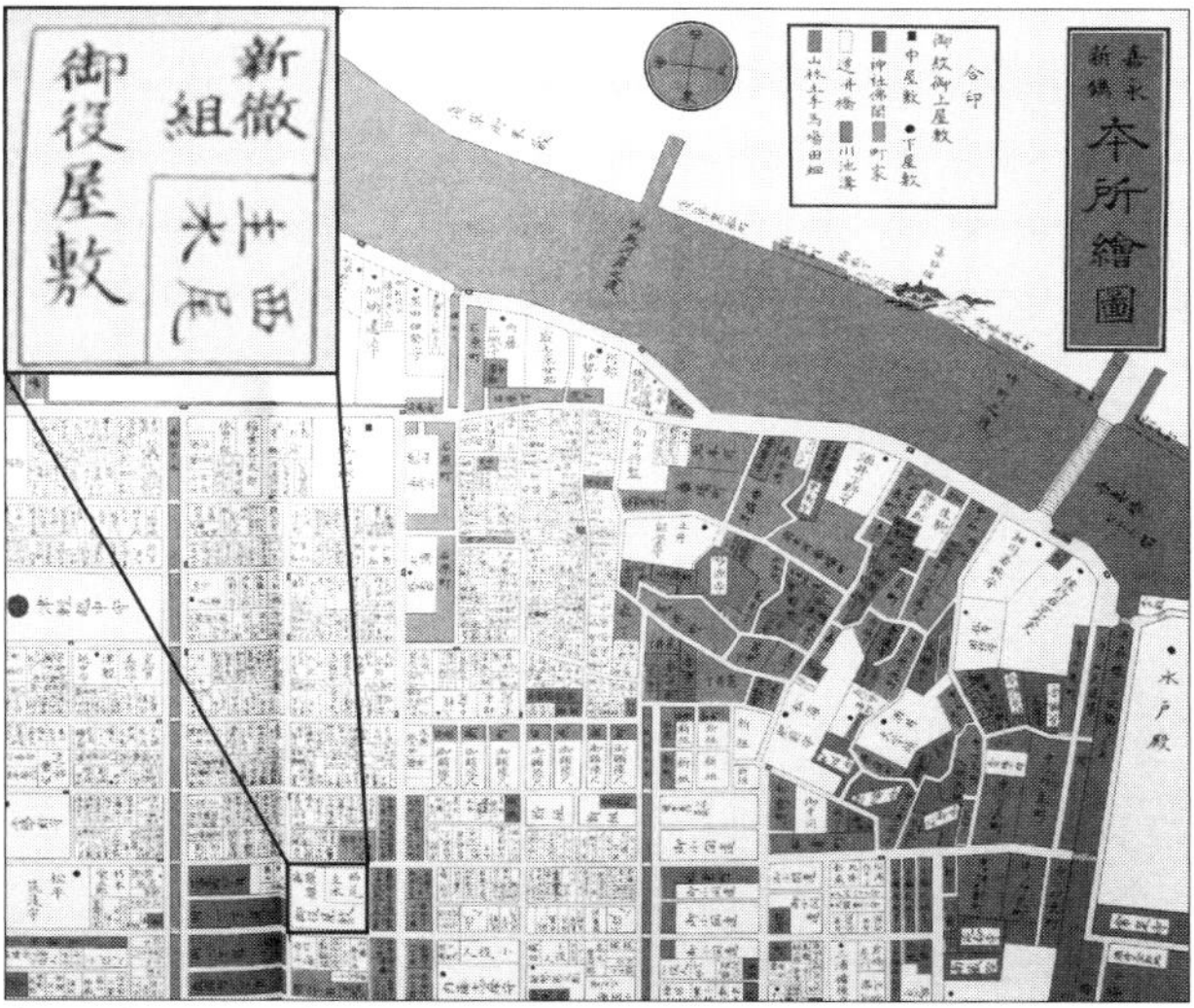

本所切絵図に見える新徴組御役屋敷　文久３年（1863）

二十七日は鳥居本（現滋賀県彦根市）の角丸屋嘉左衛門で、二十八日は草津宿（現草津市）岩手屋でそれぞれ宿泊した。

同二十九日は雨風で難義したが、早朝に出立して大津で昼弁当をとり、八ツ時（午後二時）に京都壬生四条通に着いた。ただちに鵜殿鳩翁の御本陣となっていた壬生村郷士前川《まえがわ》庄司宅へ出向き、鵜殿へ浪士組参加を願い入れた。御用人からの差図で雀森の更雀《きょうしゃく》寺の山田宦司（官司）を訪ねたところ、清水順之介が詰め合っていて、座敷へ上って浪士取扱方へ重ねて参加を願い出て、即座にこれを認められ、山田宦司へ預けられたとする。

なお、文久三年三月二十八日に分部

宗右衛門が幕府代官内海多次郎の谷村御役所へ差し出した上申書によれば、「跡より宗右衛門弟才助、百姓代伝兵衛伜文太郎も上京、同様御組入」とあるが、文太郎の記録では才助（再輔）が記されず、それぞれ単独行動をとったか、同行したかの区別はつかない。

つづけて、三月二日には御手当金五両を、同六日には御酒をくだされた。七日は（石清水）八幡宮へ参詣した。公方《くぼう》（将軍）の御参内は八日であったが、この時に金二両を道中入用としてくだされ、更雀寺へ住居することとなった。十一日は加茂明神（賀茂社）へ行幸があったので、この時に行列を拝したてまつったことが記される。

こうして浪士組の江戸帰府に伴い、三月十三日朝六ツ時（午前六時）に壬生を出立し、守山宿（現滋賀県守山市）堅田屋泊、十四日高宮宿（現彦根市）泊、十五日垂井宿（岐阜県垂井町）泊、十六日は朝日輪光があり鵜沼宿（現各務原市）泊、十七日細久手（現瑞浪市）泊、十八日落合（現中津川市）泊、十九日須原（現長野県大桑村）泊、二十日宮越（現木曽町）泊、二十一日瀬場宿（現塩尻市洗馬）泊、二十二日は弁当を塩尻でとり、下諏訪で甲州道中へ入り、金沢宿（現山梨県笛吹市）松坂屋へ泊った。二十三日は甲府柳町通りの山形屋へ泊った。二十四日は川口村（現富士河口湖町）豊前方に泊り、二十五日に上暮地村へ帰宅したとする。

下諏訪から浪士組一同と別れ帰村したのは、鵜殿鳩翁などから甲州都留郡での組士募集を命ぜられたからであった。

文太郎が応募者を伴って江戸出府したのは四月六日のことであった。当日は雨天のなかで出立し、道中の瀬場（洗馬）宿で金一両二分ずつをくだされ、鳥沢宿（現山梨県大月市）井上半次郎方で宿泊した。七日は朝稽古をして四ツ時（午前一〇時）に出立し、吉野宿（現小菅村）桑原常次郎宅へ立ち寄って駒木野（現八王子市）宿の川村恵十郎方で宿泊した。これより八王子大横町阿部先生方で酒を頂戴し、内藤新宿（現東京都新宿区）の島村屋で宿泊した。九日は神田お玉ケ池の岩井某に立ち寄り、すぐに本所三笠町浪士詰御用屋敷へ出頭し、九ツ時（正午）に屋敷詰となったとする。

帰府浪士組の宿営先

帰府浪士組の宿営先には、すでに江戸「留守御警衛」浪士の宿舎となっていた本所三笠町（墨田区亀沢）の旗本五千石の小笠原加賀守明《あき》屋敷があてられた。こののちの江戸切絵図には「新徴組御役屋敷」と見えるが、当時は「三笠町御用屋敷」の称で見える。浪士組の一部は、隣家の旗本四千石の西尾主水《もんど》の元屋敷や、両国・馬喰町の旅籠屋であった大松屋・羽生屋・井筒屋・山形屋などに分宿した（「小山松」）。当時、浪士取扱頭取の任にあったのは、鵜殿鳩翁（長鋭《ながとし》、元目付、安政大獄で隠居）のほか、中条《ちゅうじょう》金之助（御小納戸《こなんど》）は北辰一刀流の達人で講武所剣術方、浪士取締は山岡鉄太郎のほか窪田治部右衛門《じぶえもん》（田安家奥詰）であった（「小山松」）。

第三節　暴走と解体

浪士屋敷の変遷

旅籠屋に分宿している浪士を収容するため幕府は当初、老中松平豊前守（信義）の指示により「浪士差置場」として神田小川町（千代田区神田小川町）の土屋采女正《うねめのかみ》（寅直、常陸国土浦藩主）の元上屋敷をあて、「神田橋仮御役所」と称する予定であった。ところが支障があるとして、四月十一日に田安黐木坂下《もちのきざか》（千代田区九段北一丁目と富士見一丁目周辺）の久世《くぜ》謙吉（下総国関宿藩主）の元屋敷家作があてられ、「黐木坂下御用屋敷」ないし「飯田町御用屋敷」と称された。こうして浪士組士の屋敷は、三笠町と黐木坂の二ケ所となった。なお、神田小川町には幕末の一時、講武所（のち陸軍所。幕府が設置した武芸訓練所）・歩兵屯所が置かれた（『藤岡屋』一一・四七頁）。

浪士組の強談

文久三年（一八六三）四月七日「隠密方《おんみつ》」（未詳）の風説書（中津川市苗木遠山史料館所蔵『見聞雑書』）

には、次のように記録されている。

関東浪士二七〇人は、ひとまとめに本所三笠町の空屋敷《あき》にさしおかれ、御手当も下されていたが、四月三日頃から浅草御蔵前の札差《ふださし》など、身元宜しき町人方へまかりこし、「当節幕府において御軍用御手当莫大の儀につき、御用途を補うため、御国恩・冥加をあい弁え、金子を差し出すように」と申して個別に強談《ごうだん》（強い調子や態度で談判）していた。

彼らははじめ浅草の平右衛門方へ参り、同所芳町二丁目の坂倉清兵衛方へ案内を命じた。拒んでも強談に及び、聞き入れなかったので、平右衛門は仕方なく案内した。持参した名刺には「鶉殿鳩翁・高橋伊勢守・中条金之助組浪人　石坂周造・村上俊五郎・和田理一郎・松沢良作・藤井登外七人」と認《したた》めてあった。彼らは「軍用金一万両を差し出せ」と強談に及び、「挨拶がないうちは何日なりとも、代わる代わるまかりこす」と申して立ち去らなかった。夜に入ると、自分の金子《きんす》を差し出して食物を取り寄せ、水を呑む始末であった。しかたなく、金千両を差し出したところ、「そうであれば、只今はその金子を受け取るには及ばない」と申して、追って入用の節に差し出す旨の証文下書を差し出し、その証文を認めさせて午前〇時頃に帰ったとする。

翌四日は、伊勢屋四郎左衛門方へまかりこし、同様に強談におよび、同様に取り計らった。右の次第を町奉行所へ伊勢屋が訴え出たところ、「追って御沙汰がある」とのことだけで、別段に御下知もなかった。

四月三・四日に強談に及んだ豪商と強借高は、坂倉屋清兵衛が金千両、伊勢屋四郎左衛門が金三千両、十一屋善助と井筒屋次郎右衛門がそれぞれ米八百俵、池田屋市兵衛が金千両、大〇（大丸）が金千両と味噌百樽、坂次（坂倉次右衛門？）が金千両、丁字屋が金七百両、和泉屋甚左衛門が金八百両であった。なお、今後も追々、身元の宜しき町人方へ廻る計画らしいが、内密に取り調べたのであろうか、（町人）身上《しんじょう》の厚薄をよく弁え、手帳に控を所持しているとのこと。身元が宜しくても、すでに御用を仰せ付けられ、御用金・御用米・御用材木類を献納した者へは参らないとのことであった。

四月八日浪士取扱の鵜殿鳩翁は、京都在勤中から持病の胸痛がおこり、帰府後は次第に強痛で気分が鬱閉して勤めがたくなったとして辞職を願い出たという（『藤岡屋』一一・四五頁）。

浪士組の悪い噂

同年四月八日の吉原町名主山口庄兵衛方からの書面（『見聞雑書』）によれば、次のような風説が記録されている。

最近浪士が新吉原郭内へ入り込んで遊女を買い上げている。もっとも揚代金《あげだい》などは払っているが、諸事に乱暴の体《てい》にて、大小刀ともに座敷内へ持ち上がって手放さない。去る六日には偽浪士の岡田周蔵（朽葉新吉）が配下二人とともに、（久万喜の仮宅〈吉原の仮営業所〉において無銭遊興をしたあげく）遊女・新造・禿《かむろ》など八、九人ほどを連れ出し、伝馬船《てんません》に乗せて両国の象見物に召し連れ小屋主から金銭を強請《ゆす》り、途中の料理屋「青柳」で酒食した。さらに、新吉原へ繰り出そうと船に乗るところを、通りかかった浪士組幹部の松岡万と草野剛三ら七人に見つけられ、三笠町の浪人屋敷の土蔵に入れられた。

また、玉屋山三郎方へ参った浪人屋敷の食客神戸《かんべ》六郎は、神戸を「先生」と崇めさせて付き添わせ、大勢で酒食した光景は、あたかも「大江山之絵の如」き酒呑童子《しゅてんどうじ》の放蕩三昧《ほうとうざんまい》に見えた。神戸は遊女「薄雲」を買い上げ、初会にもかかわらず昼前に三度も床入りしたとのこと。本人は病気と言っているが、虚病をつかって寝間に付き添わせ、どうして「強姪（強姦）同様之始末」に至るのであろかと訝《いぶか》った。なお、神戸も偽浪士をはたらいたことが露顕し、浪人屋敷の土蔵に入れられた。取り調べによれば、駿河台の勝手方勘定奉行の小栗上野介《こうずけのすけ》忠《ただ》順《まさ》が、浪士組の評判を落とすため、ことさら神戸らに乱暴させていることが判明したとする。

したがって、廓《くるわ》内外の客は七割通りが浪士であり、何事も手荒にいたし、どんな難事が起こるだろうかと店では一同心痛していた。他方、浪士が名主の竹島仁左衛門方へ大勢で参り、面会を求めてきた。折り悪しく「深川の仮宅へ見廻りに出て留守だ」と留守番が答えると、「廓内の名主五人で軍用金千両を差し出すよう、帰り次第申し聞かせよ」と命じた。竹島は帰宅後「類役と相談の上挨拶いたします」と返答したが「それでは困り入る」とのことで、八日に月番の北御番所（町奉行所）へ御訴えしたところ、「追て御沙汰があるだろう」とのことで軽くあしらわれた。

なお、清河は九日に石坂・村上に命じて岡田と神戸を斬首にして、両国広小路の米沢町（現墨田区）に高さ七尺（約二・一メートル）の台を仕立て、捨札を大館謙三郎に書かせて梟首《きょうしゅ》（さらし首）に処した。翌十日午後二時には、町奉行所から与力・同心ら二〇〇人が来て検死を行い、取り片付けを浪士組に任せたという。

幕府、浪士組を解体

帰府後の浪士組が、留守幕閣を極度に警戒させた事件が起こった。それは、くだんの四月九日の偽浪士組の神戸六郎（朽葉新吉）らを私的に制裁して斬首に処した一件であった。日英開戦の危機が迫るなか、攘夷を前面に押し立て、独自に「私刑」を行使し始めた浪士組の存在は、幕府にとって大きな障碍《しょうがい》に転化した。

指導部を解体して浪士組を改編するほか、手はなくなった。こうして留守幕閣の指示のもと、十三日深夜清河は暗殺され、同時に石坂周造ら幹部は一斉に捕縛され、山岡鉄太郎・高橋伊勢守（泥舟）ら浪士組の幕府担当者は総罷免されていくのであった。

攘夷決行直前、清河八郎暗殺

浪士組は「奉勅攘夷」を掲げて英国艦との対決路線を主張したが、幕府から攘夷命令が出ず、浪士組は合法的には動けなかった。そのようななかで、清河八郎は極秘で「攘夷」(横浜外国人居留地を二〇〇人程度で焼き討ちする)の決行を四月十五日と決め、そのため必要な軍資金の調達を石坂周造や村上俊五郎らに指示していた。その密計は同志のうち五人(元浪士取扱の松平忠敏手付ら)によって、事前に幕府へ密告された。清河は自らの死を覚悟したものか、この頃故郷の両親に遺言めいた書状を送っている。

清河の暗殺は四月十三日深夜、浪士取締(幕臣)の速見又四郎と佐々木只三郎が、三田赤羽橋(赤羽根橋、現港区芝公園四丁目・東麻布一丁目と芝三丁目・三田一丁目を結ぶ)付近、すなわち麻布十番一の橋にあった茶屋伊勢屋の前で起こしたとされる。幕府は軍事統制の混乱を恐れ、浪士組の突出に危機感を募らせていたのであった。

別の史料によれば、四月十四日浪士組のうち村上俊五郎・石坂周造・和田理一郎・藤本登・松沢良作・江井庄兵衛・清河八郎、そのほか二〇〇人ほどが徒党を組み、横浜へ押し寄せる情報が入ったとする。そこで、窪田治部右衛門の手の浪士(幕臣)である速水又四郎・佐々木只三郎・高久安次郎・永井寅之助が出張し、前日の十三日夜に麻布十番の一ノ橋の伊世(伊勢）屋という茶屋において、速水と佐々木の二人で清河八郎を討ち果たしたともある。

清河八郎の風聞

同年四月三日から十五日の荒増《あらまし》申上書（『見聞雑書』）によれば、真偽の程は未詳であるが、次のような風説が当時流布していた。

清河八郎は「大悪人」にて、井伊直弼《なおすけ》の大老勤役中に「御尋者《おたずねもの》」となったが、行方知れずとなった。如何にして上京浪士組へ入り込んだのであろうか、三月中に京都から浪人三〇〇人、江戸御役人・浪人頭・浪士取扱一〇人を連れて来た。その道中、中山道関ケ原宿（現岐阜県）で長州から清河へ密書が参った情報を、御徒《おかち》から出役《しゅつやく》して浪士取扱をつとめる速見又四郎が不思議なことに入手し、内々で開封したところ「御大事之儀」につき、そのまま京都御供の老中（板倉勝静）へ差し上げた。それ以来、浪人に心を付け、中立の頭取・同役・浪人のなかにも清河に心を寄せる者を数多《あまた》見い出し、「誠に危うきこと」だと感じた。速水は三月二十八日に江戸に着き、本所の浪人屋敷へ入った。

四月七日付で、京都滞留中の老中板倉勝静から速見又四郎宛てに御内書が下った。それによれば、清河八郎は切支丹のために身を隠したという。なかなか手取り（逮捕）にはできないので、「だまし打ちに討ち取」るよう速水は内命された。忠臣の同役佐々木只三郎と申し合わせ、四月八日から付け狙っていたが、清河は外出するとき手下《てした》の浪人を五人ずつ召し連れて用心していた。

すでに四月五日、清河の「悪事之手立（横浜攘夷の段取り）」があらまし露顕した。まことに危うきことであった。四月十二日、清河は近国に隠し置いた配下の浪人へ申し触れて呼び寄せ、清河が大将となって二五〇人ばかりを率いて、十五日に江戸と横浜を焼き討ちにし、京都へ上って京都の浪人と心を合わせ京都岡崎で一手に合流し、二条城へ打ち込む計画であった。何分にも捨て置きがたいと、速見又四郎は十二日夜から本所屋敷の近所で見張っていた。四月十三日午後二時頃、清河は密事のため手下を連れず一人で門外へ出たところを、速見・佐々木が見かけて後をつけた。

芝一之橋で速見が清河の後ろになり、抜き打ちで後ろからたちまち討ち取った。「まったく運命の尽き、天罰でござった。」「今日に限って一人で出かけるとは天命であった」と世評される。速見は切り捨てると、そのまま老中・御目付へその次第を申し上げ、残る悪人の御召し捕りを願った（前掲荒増申上書）。

四月十三日夜、清河へ心を寄せていた旗本高橋伊勢守（泥舟）が、浪士取扱御役御免、小普請入を命ぜられた。四月十五日、「本所浪人屋敷」で四人が取り押さえられ、馬喰町で近国から馳せ参じた浪人一一人、講武所一二人、小石川（水戸藩系）一一人、合計三八人（記載値三六人）が召し捕りになった。残りの「悪人」も日々御尋ねとなった（同前）。

八郎暗殺の風説

同年四月十三日の隠密方からの風聞書（『見聞雑書』）によれば、清河の暗殺が具体的に記録されている。

十三日夕七つ（午後四時頃）、麻布古川一ノ橋通りで侍一人が侍三人に待ち伏せされて、後ろから斬りかかって殺害に及び、その首は夜になって（だれかが）持ち去ったとのこと。殺害されたのは清河八郎であり、横浜討ち入りの発起人だったからであった。それは密訴があって露顕したとのことである。

浪士組の者が一同で申し合わせ、横浜表へ討ち入る計画を企てていたが、反心（離反）者があって密かに露見したとする。幕府は捨て置きがたいとして、四月十四日にわかにそれぞれ手配した。かねて市中非常廻りを仰せ付けられていた大久保加賀守（小田原藩）・相馬大膳亮（陸奥国中村藩）・松平右京亮（高崎藩）・酒井繁之丞（庄内藩）・阿部播磨守（陸奥国白河藩）・水戸殿（水戸藩）へ討手を命じ、本所浪士屋敷をはじめ旗本・御家人のうちにも同意の者がありえると、各屋敷へ人数を差し遣し召し捕えを命じた。もしも手に余るようであれば、討ち果たせとのこと。また討ち洩らした者があれば、横浜へ直接に参ると思われるので、品川へ大久保と相馬の両家人数が昼夜詰め切りとなり、容易ならざる事態となった。横浜表の警衛として、講武所の御人数が差し出され、そのほか追々に十四日夕までに人数は四〇〇人余りが差し出された。

四月十四日老中松平豊前守（信義）から酒井繁之丞（庄内藩主）へ通達があった。町奉行から通達があり次第、その方人数を本所三笠町辺へ差し出すように。もっとも松浦肥前守（平戸藩主）からも人数が出て、（新徴組取扱）松平上総介（忠敏）が差し添って出るはずである。大久保加賀守・阿部播磨守・松平右京亮・相馬大膳亮に対しては、非常廻りの義は、なるべく士分以上の実用の人数のみにいたし、足軽等を多人数召し連れることは見合わせ、重立ちの一、両人のほかは騎馬でなくてもよい、すべて実用専一に心がけよと命じた（『藤岡屋』一一・五一頁）。

三笠町御用屋敷の抱囲陣

文久三年（一八六三）四月十四日、幕府は浪士組の宿営先の三笠町御用屋敷にいた村上俊五郎、馬喰町《ばくろちょう》の井筒屋にいた石坂周造を召し捕る計画を立てた。それを庄内藩側の史料でみてみよう。

庄内藩では御府内見廻りをまず差し止め、召し捕りの人数に振り分けることとした。朝の見廻りの杉山右近は沙汰を待ち、そのうちに柳原から松平権十郎と里見弘記が組々を召し連れて詰め、物頭六組ともに揃った。

もはや押し出そうとしていた幕方になって評議が変わり、町奉行から御達があり次第に本所三笠町辺へ人数を差し出すよう、それまでは人数を細川屋敷脇の評定所へ一手に差し出して固めるよう御沙汰があった。暮になると再び御沙汰があって、三笠町へは庄内藩から三手、大久保加賀守（忠愨、相模国小田原藩）から一手、相馬大膳亮（充胤、陸奥国中村藩）から一手、都合五手が差し向けられることとなった。

庄内藩江戸留守居の黒川一郎が率いる物頭六組三手は一度に繰り出し、三笠町の浪士屋敷を取り囲んだ。使番の中村次郎兵衛が物見《ものみ》を出したところ、指し添えの元浪士組取扱頭取の松平上総介（忠敏）が説得中であった。最初は承引しなかったが、馬喰町で松平右京亮（輝聴、上野国高崎藩）が石坂周造を召し捕ると承伏し、頭分《かしらぶん》の村上俊五郎が取り押さえられ、人数が警固して評定所へ差し出す手筈となった。庄内藩では使番の堀田藤次兵衛を差し出したところ、両国の手前でその人数に行き逢い帰ったとのことで、翌十五日八つ時頃（午後二時）に人数はすべて引き揚げとなった（「操兵練志録」）。

浪士組組士の捕縛・壊滅

文久三年（一八六三）四月十七日の幕府隠密方からの風聞書（『見聞雑書』）によれば、浪士組の捕縛は次のように記録されている。

十四日に手向かわずに召し捕りになったのは、馬喰町一丁目の旅人宿井筒屋嘉七方に止宿する藤本昇・寺田忠左衛門・大野喜右衛門・松沢良作・古渡《ふっと》喜一郎・萩野良蔵・羽賀忠次・伊藤亀之輔・小倉宗伯・小倉大平・上村藤平・和田堯三（異説に三丁目山形屋庄兵衛方）・稲熊力之助・白井庄兵衛の一四人、同所の羽生《はぶ》屋藤兵衛方に止宿する岡田盟・金子武雄・武田本記・浅井六郎・和田理一郎・田中九十九《つくも》・満岡元司・林源蔵・小林武八郎・津田左司馬の九人、本所三笠町浪士屋敷の石坂周造・村上俊五郎・藤田左金次・増田亥之助であった。

なお、小石川の窪田治部右衛門方の者は浪士とは申しても、水戸殿御家来の次・三男などであり、いずれも有志の聞こえがあり、いかがわしい処置などもないとして、御構いなしとなったとのこと。

幕府の封廻状による逮捕者は、藤本昇（四四歳）・岡田盟（四二歳）・武田本記（三九歳）・満田元司（四八歳）・小林武八郎（三二歳）・松永緑（四四歳）・金子武男（四四歳）・浅井六郎（三五歳）・林源蔵（三〇歳）・津田左司馬（二二歳）・上林藤平（二四歳）・荻野良蔵（二五歳）・伊藤亀之進（二三歳）・小倉丈平（四七歳）・和田尭蔵（二三歳）・田中九十九（二二歳）・大野喜右衛門（三九歳）・中沢良之助（二七歳）・古渡喜一郎（二一歳）・羽賀忠次（二二歳）・小倉宗伯（二一歳）・稲熊力之助（二四歳）・寺田忠左衛門（三四歳）であった。

十四日朝六時過ぎに、馬喰町一丁目羽生屋方に止宿の浪士二一人が、幕府の捕り方に対して次の書面を差し出したとする。「我々どもは、権現様以来二百有余年ご恩沢に報いたてまつる心得であり、けっして上へ対して敵対たてまつるものではまったくございませんので、御召し捕りください」と。

大久保加賀守・相馬大膳亮は、十四日の御達により本所三笠町へ浪士捕え押さえとして人数二の手を差し出していたが、それぞれ御取り計らいが済んだので、人数を引き揚げるよう松平上総介（忠敏）が申し聞かせたので引き取った。この段を御届け申し上げるとする（『藤岡屋』一一・五二〜四頁）。

「浪士御預ケ之箇所」によれば、石坂周造は堀長門守（信濃国須坂藩）へ、和田理一郎・松沢良作は大関肥後守（下野国黒羽藩）へ、藤井昇・白井庄兵衛は松平出雲守（富山藩）へ、村上俊五郎・藤田左金次・増田亥之助は土方聟千代（伊勢国薦野藩）へ御預けとなった。「同事姓名等異本」では、全員が松平右京亮・酒井繁之丞・大久保加賀守・相馬大膳亮・松平（松浦）肥前守の人数と町方同心に伴われて、いったん評定所へ召し連れられた。また、杉山良作と清河八郎の実弟斎藤熊三郎は、十三日に老中松平豊前守（信義）へ直訴したため、評定所で取り調べの上大名預けになったとある。

四月十四日、浪士組幹部らの身柄も拘束され、大名預けとなり、浪士組は壊滅状態となった。

御徒頭次席・講武所槍術師範役で浪士取扱の高橋伊勢守（泥舟）は、御役御免・差控を命ぜられた。その落首に「高橋も落ちて伊勢威もくじけけり」。清河八郎に同調したとされる浪士取扱の山岡鉄太郎・松岡万・窪田治部右衛門は御役御免・小普請入・差控となった。浪士組取締役並出役（取調役とも）の佐々木只三郎・速見又三郎（久四郎とも）・高久安次郎・広瀬六兵衛・永井虎之助・徳永昌作・依田雄次郎らも御役御免となった（『藤岡屋』一一・五一頁）。

四月十六日、御府内昼夜廻りは庄内藩主酒井繁之丞が御免となり、かわって小浜藩主の酒井若狭守（忠義）となった（『藤岡屋』一一・五四頁）。

四月二十一日、（この後浪士組から改組される）新徴組取扱の松平上総介（忠敏）、箱館奉行支配組頭の河津三郎太郎が新徴組支配を命ぜられ、新徴組取扱頭取の鵜殿鳩翁は御役御免となった（一一・五八～九頁）。有馬遠江守（道純、丸岡藩主、老中）の目付への御申渡によれば、新徴組支配は布衣、場所千石高、席次の儀は小人頭の次、若年寄支配とされた（『藤岡屋』一一・六〇頁）。

第二章　新徴組の誕生

第一節　浪士組の再編

壬生浪士組

文久三年（一八六三）三月十三日、ほとんどの浪士組が江戸へ帰府したのに対し、将軍警固のためには在京すべきだとの心情から京都壬生《みぶ》残留を選択したのが、近藤勇・芹沢鴨《せりざわかも》・根岸友山のほぼ三グループであった。根岸グループはほどなく、江戸で浪士組改組後の新徴組へ復帰した。近藤と芹沢のグループは当初から、西国の朝廷直結をねらう浪士諸集団と対抗的な立場をとり、攘夷主義と公武合体強化主義の二本柱で行動していた。こうした近藤・芹沢グループははじめ壬生浪士組・誠忠《せいちゅう》浪士組などと呼ばれたが、やがて京都守護職の会津藩主松平容保《かたもり》に願い出て、同藩預りの京都市中治安部隊となった。

根岸友山グループ

根岸友山グループは、遠藤丈庵・清水吾一（友山甥）・神代仁之助・鈴木長蔵からなっていた。しかし、殿内《とのうち》義雄が暗殺された文久三年（一八六三）三月二十五日前後、伊勢参宮を口実にして一同で離脱し、その後の消息は未詳である。遅くとも四月二十三日までには江戸の新徴組へ復帰し、根岸は一番組の小頭となった。なお根岸自身は、九月十二日幕臣抱え入れを辞退し、病気を理由として永暇《ながのいとま》を願って帰郷を果たした。

芹沢鴨グループ

芹沢鴨グループは、水戸藩の新見錦《にいみにしき》・野口健司・平間《ひらま》重助からなっていた。芹沢は常陸国玉造《たまつくり》の郷士芹沢貞幹の三男、そののち北茨城の松井村（現北茨木市）神職下村家の婿養子となり、「万延元年（一八六〇）大津彦五郎らの水戸激派へ参加し、文久元年（一八六一）正月の「佐原騒動」と呼ばれる事件を引き起こした中心人物であった。このように水戸尊攘派の流れをひき、長州藩に好意的であった芹沢たちと、長州藩敵視の近藤たちとの考え方の相違が、次第に軋轢《あつれき》をましていった。

八月十八日の政変

文久三年（一八六三）八月十八日、薩摩藩と会津藩はクーデタを起こし、それまで朝廷を影で動かしていた長州藩尊攘派を京都から追放した。この政変に会津藩勢の一隊として活躍した壬生浪士には、功労により新選組という隊名が正式に与えられた。これ以後、会津藩が京都の軍事の中心に位置付いたことで、新選組は会津藩を通じて公武合体・攘夷のための直接行動が可能となった。近藤勇と芹沢鴨らの新選組にとって、京都残留の展望がこれによって一気に開け、弾みがついた。

思想的に特化した新選組

近藤勇は長州藩を敵視していたが、新選組の中でも芹沢鴨ら水戸藩出身者は長州藩に好意的であった。文久三年（一八六三）八月十八日の政変によって、長州藩が京都から追放されたことで、長州藩に同情するかしないかという、両者の考え方の根本的相違は決定的な対立を引き起こした。近藤は新選組の方向性を一つにするために、九月十八日（一説に十六日）に芹沢グループを粛正した。こうして、思想的に特化した新選組は新たな組士を募集し、以後元治《げんじ》元年（一八六四）の禁門の変など、幕府軍事力の中核として京都にその名を轟かせ、慶応三年（一八六六）には組士すべてが幕臣に登用された。

本書で扱う新選組については、これをもって終わりとなる。

新徴組の誕生　幕臣から庄内藩士へ

文久三年（一八六三）四月十五日、幕府は浪士組を新徴組として再編成し、その取扱を御府内（江戸）非常臨時廻りの任にあった出羽国庄内藩主酒井繁之丞《しげのじょう》（のち左衛門尉《さえもんのじょう》）忠篤《ただずみ》へ委ねた。

庄内藩では組頭の松平権十郎を新徴組取締に任じ、物頭《ものがしら》二名とその組下《くみした》を江戸へ派遣し、江戸市中の治安維持を担う軍事力として位置づけた。当時、新たに組士の募集が行われ、水府組と称する水戸藩脱藩者の一団、ほかに江戸市中に居宅を構えて毎日自宅から通勤する外宅組なども加わり、総勢一六九人になったという（「小山松」）。

四月二十一日、鵜殿鳩翁が新徴組取扱を御役御免となり、松平上総介忠敏が新徴組取扱となった。

同月二十三日、浪士組の半数が黐木坂屋敷へ移動した（「小山松」）。

五月十一日浪士取扱の中条金之助は、新徴組支配となる（『藤岡屋』一一・八八頁）。五月十七日新徴組取締役の河野三助は新徴組支配、外国奉行支配調役並の荒木済三郎は同組頭、新徴組取締役の松本直一郎は同組頭、箱館役所書物御用出役の安藤静太郎は同組頭となる

（『藤岡屋』一一・九四頁）。五月一九日幕臣から新徴組に世話役・取締付が登用された。

第二節　警護・消防・武士化

英国と戦端を開けば、陣地は芝新銭座の江川調練場

文久三年（一八六三）五月四日、幕府が英国艦隊と戦端を開いた場合、新徴組は即座に芝《しば》新銭座《しんせんざ》（現港区）へ出動するよう命じられた。

七日、老中から新徴組は非常の場合は芝新銭座の韮山代官江川太郎左衛門の調練場へ詰めるよう御達があった。五月九日には新徴組組士は芝新銭座江川調練場の御守衛を命ぜられ、この日その場所を見せおかれ、三〇〇人ほどがまかり越した（『藤岡屋』一一・八四頁）。二十七日には非常に臨む際は江川調練場を本陣同様に心得て、必死に防御するよう御達があった。

九月七日には幕府から庄内藩主へ、調練場の新徴組を芝の元札の辻へ繰り出す予定なので、同所までの武家屋敷を除外した地域を持場と心得て応援するように指示があった（「操兵練志録」）。

和宮の叱咤　炎上する西之丸の防火出動

文久三年（一八六三）六月三日暁七つ時（午前四時頃）前、飯倉《いいぐら》五丁目（現港区）の芝永井町代地の表家からの火事は、江戸城西之丸をも炎に包んだ。当時の記録によれば、西丸炎上中には一、二度火薬の爆発音がたしかに聞こえた。「ハトロン」（紙包弾の破裂音）であり、諸御番所の向いの倉庫に貯蔵されている品であろうか、歩兵組も小川町屯所から数人が、西之丸下の屯所へ詰め、また外桜田辺りへ浪人の押さえに出ていた大名が、小具足を着用して固めていたと聞いた。同時に、角力《すもう》（力士）も赤白の鉢巻を東西に引き分け、年寄（親方）どもに附き添ってまかり出たという。

新徴組が浅黄の羽織に長い刀を帯び、鉄扇《てっせん》を吊るして、各々がいかめしき有様で奔走する光景を目にした。内心では「なぜだろう」と思ったが、老中・若年寄が御玄関まで御見舞としてまかり出た。

この三日の西之丸炎上の節、引き続き三笠町の新徴組、角力「征棒組」などが、相互に消防を競い合って、火中に独歩して働いたが、大風で猛火が襲って来て苦身続きであった。それを和宮（孝明天皇妹）・天璋院《てんしょういん》（篤姫）が、御殿続きの高殿《たかどの》で消防の働きを上覧遊ばされていた。火勢がますます盛りに見えたので、御立ち退きを進言申し上げたところ、その御役人方の大勢に下知する声が轟いた。（天璋院の）仰せであった。

「程なく鎮火いたすであろう。上様《うえさま》が御留守であるのに、わらわがここを立ち退いては炎上してしまおうぞ。消防の働きをきっと見置くべし」と。

その上意の趣旨が目付方から人足たちへ下知された。

いずれもありがたきことと、「上覧である。死ねや、死ねや」と掛け声をいたした。炎のなかに身を投げ入れ、手・足・頭の焦げるのも構わず消防につとめ、火が燃えるさなかで町火消・角力取《すもうとり》・新徴組が、一寸も退かず消し留めようとした。それがため、即死や怪我人がかえってあまた出たという（『藤岡屋』一一・一〇八〜一一〇頁）。

なお、庄内藩側の史料では当日、新徴組一同は非常警衛のため庄内藩上屋敷へ詰め、夜五つ（午後八時）頃に三笠町屋敷へ引き取ったとされる（「新徴組勤書日記」）。

他方、新徴組の強談は相変わらずであった。六月十四日昼八つ時（午後二時）頃、新徴組の鈴木登之助・柳沢武助・小崎隼之助・海老沢左内の四人が石川屋庄次郎方へ参って強談した。「今度攘夷を仰せ出されたが御下げ金がなく、軍用に支障があるので、何卒金子《きんす》五〇両を借用いたしたい」と。しかし石川屋は種々断って承知せず、しかたなく五両を差し出したがそれでも承知せず、一〇両差し出したらなんと納得して持ち帰ったという（『藤岡屋』一一・一二二〜三頁）。

六月中には御台所人の大沢源次郎、御徒《おかち》の昌岡俊之助・大野亀太郎、箱館奉行定役《じょうやく》の飯田豊之助、新徴組定役の中山脩輔が、ともに新徴組支配調役を命ぜられた（『藤岡屋』一一・一二〇頁）。

格式は小普請方伊賀者次席

文久三年（一八六三）六月末日、新徴組に剣術教授方九人が任命された。

八月十七日、新徴組はこれまで一隊一〇人（小頭と組士九人）であったが、一隊五人（小頭と組士四人）へ編成替えとなった（「小山松」）。

八月二十三日、新徴組は、幕府歩兵組による両国の象小屋うちこわし事件に際し、組士の本多平之丞・山本武右衛門・小林忠之助・古川運二などが出動・仲裁に入るが、聞き入れられないと抜刀し、歩兵を退散させる活躍をした（『藤岡屋』一一・一八九頁）。

九月十二日、組士一同が庄内藩の神田橋上屋敷に召し出され、若年寄の田沼玄蕃頭意尊《げんばのかみおきたか》からの申渡が伝達された。組士は、小普請方《こぶしんかた》伊賀者次席の格式をもって「御家人」（呼称には異論もある）に召し抱えられ、三人扶持・金二五両を支給されるとした。幕府の番方（武官）では下級、諸組同心並みの待遇であった。新選組より四年早い武士化の実現であった。

九月二十三日新徴組御用取扱が廃止され、新徴組には庄内藩家老支配の新徴組取扱頭取が置かれ、配下に取扱役・差引役《さしひきやく》・勘定役を従えた。その任にあたったのは家老松平権十郎

松平権十郎肖像
（明治期和装　鶴岡市郷土資料館所蔵）

（親懐《ちかひろ》）、田辺儀兵衛（柔嘉）・菅善太右衛門（実秀）などであった。

十月二十六日、幕府は庄内藩など一三藩に江戸市中の見廻りを命じ、新徴組は庄内藩預となって同藩家中組とともに江戸市中見廻りに動員された。当時の組士は二〇七人であった。

その後、元治《げんじ》元年（一八六四）四月をもって、幕府は新徴組へ出向させていた諸役人を引き上げたが、五月三日には、組士すべてが幕府から庄内藩へ移籍され、引き続き幕末江戸市中の警邏《けいら》・巡邏《じゅんら》に大きな活躍を果たすこととなる。

第三節　組士の逸脱と仇討

新徴組への張訴

町奉行月番の阿部越前守（正外）御番所への届書（『藤岡屋』一一・一四二〜三頁）によれば、

同年七月六日夜に小日向《こひなた》水道町の上水端土蔵へ「報国忠士高間鎌蔵」の氏名をもって「張《は》訴《そ》」（落書・貼紙）がなされた。

文面には、「世上ではいつのまにか盗人《ぬすっと》を集め、新徴組と唱えている。それら人物は皆、人を殺している。重罪の人を免《ゆる》しおき、大毒虫を助け、小の虫を殺し、ああ不憫《ふびん》の御政事なり。（中略）また、浪人の新徴組のなかには甲州無宿の勇天（仙之助、後述）と申す者をはじめ、大罪人を一々に御穿鑿《せんさく》の上、いよいよ罪を明らかにいたしたいものである」と書かれていた。

逸脱する組士

文久三年（一八六三）八月二十四日には、小石川正福院門前の質渡世伊勢屋五兵衛らが御番所へ訴え出た。昨二十三日昼四つ時（午前一〇時）過ぎに、「新徴組浪士」と称して二四、五歳の男一人と三〇歳くらいの男一人がやってきて、武器手当に差し支えたので金一五両を貸してくれと頼んできた。主人の五兵衛は病気で面会できなかったので、召仕《めしつかい》の増兵衛が出て断ったところ、「切迫の次第を申し聞かせても弁《わきま》えない以上、宜しい」と、茶代として金一朱を置いて夕方八つ時頃に帰って行ったという（『藤岡屋』一一・一九二〜三頁）。律儀な強談であった。

八月二十八日、新徴組の非常御警衛場所が芝札之辻と決まった（『同』一一・一九五頁）。

九月七日には幕府から庄内藩主へ調練場の新徴組を芝の元札の辻へ差し出す予定なので、同所までの武家屋敷を除外して、すべて持場と心得て応援するよう指示があった（「操兵練志録」）。

九月二十一日、書院番の片山弥次郎、新番士の松下誠一郎・野田源太夫・小貫鋳太郎、小十人の磯村勝兵衛、小普請組の小林弥兵衛、御目見得格・箱館奉行支配調役並の高須義太夫がそれぞれ新徴組支配組頭に、新徴組支配取調役の山内八郎が新徴組支配調役に、同定役の山内道之助が新徴組支配組頭に命ぜられた（『同』一一・二三九〜二四〇頁）。同月二十二日、新徴組支配の中条金之助が御徒頭に役替えとなった（『同』一一・二四〇頁）。同月二十八日新徴組支配の河津三郎太郎が外国奉行へ役替えとなった（『同』一一・二五一頁）。

小頭は甲州侠客

文久三年（一八六三）十月十五日、新徴組八番組の小頭《こがしら》山本仙之助（もと侠客祐天）が、組士大村達尾《たつお》に親の敵《かたき》として仇討《あだうち》された。

明治二十三年（一八九〇）の改正新版「近世侠客《きょうかく》有名鑑《かがみ》」（見立《みたて》番付）では、東大関は大前田英五郎（武蔵）、西大関は大庭《だいば》（大場）ノ久八（伊豆）、そして祐天仙之助（甲斐）は東前頭四枚目に格付けされる。甲斐国では武井安五郎（吃安《どもやす》）が東小結、摘木ノ文吉が西前頭筆頭、

「近世侠客有名鑑」（明治 31 年 2 月 1 日発行）
江戸時代東国侠客の見立番付。祐天は西前頭五枚目、新選組高台寺党を経て赤報隊士となった黒駒勝蔵は東前頭七枚目に見える。

身延ノ半五郎が西前頭二枚目、黒駒勝蔵が同六枚目とあり、祐天は甲斐国では第四位の侠客に評価されている。著名な清水湊の長治郎（次郎長）は、西前頭七枚目である。

通説によれば、祐天仙之助（未詳〜文久三年〈一八六三〉十月十五日）は、山本仙之助と異称し、甲斐国山梨郡相川村（古府中、現山梨県甲府市）に生まれたとされる。身分は博徒、新徴組小頭とされ、法号は本哲院宗勇智山居士、墓は東京都墨田区法恩寺内陽運院にあるとする（『明治維新人名辞典』一九八一年吉川弘文館発行）。

その実像については従来、史料に依拠して語られることはほとんどなかった。仙之助は文久三年（一八六三）浪士組に参加し、二月四日小頭に選抜され、上京浪士組五番組第一小隊小頭となった。江戸帰府途中の三月二十二日、下諏訪宿で甲州巨摩《こま》・山梨・八代《やつしろ》三郡の有志徴募の命を受け、多くの子分を新徴組に参加させたことが知られている（前掲『歴史のなかの新選組』）。

仇討ちの真相

同年十月十五日の幕府代官宛千住宿一丁目役人惣代年寄忠蔵・紋右衛門訴状写によれば、仇討ちは次のようなものであった。仇討当時の山本仙之助の年齢は四〇歳とされるため、この限りでは、文政七年（一八二四）生まれと判断される。ただし、別の記録によれば、文政一二年（一八二九）生まれともなる。

仇討は文久三年十月十五日の暁八つ半時（午前三時頃）に起こされ、その場所は幕府代官木村董平《とうへい》の支配所であった武州豊島郡千住宿一丁目（現足立区）の往来であった。仇討人の大村達尾（当時一九歳）はもと「喜連川《きつれがわ》藩」（旗本喜連川氏）家来であったが、当時は新徴組二〇番黒井幹一郎組の組士であり、実父桑原来助の仇討をとげたのであった。助太刀の藤林鬼一郎（同二三歳）はもと上杉弾正大弼《だんじょうだいひつ》家来（米沢藩士）で、当時は新徴組一〇番金子龍之助組の組士であった。他方、敵《かたき》の山本仙之助（同四〇歳）は新徴組八番組の小頭であった。

達尾の実父桑原来助は「当十七ケ年前」、すなわち弘化四年（一八四七）、甲州「藤川」で殺害されたとされる。その後、心当りを穿鑿《せんさく》したところ、藤川近辺を立ち廻っている祐天という「大悪党」の「博奕渡世」人の仕業《しわざ》であったと、幼年の頃から聞かされていた。ところが、この祐天が山本仙之助と改名して新徴組に参加していて、達尾も新徴組に加入していたため、「兼ねて親の仇討」を心がけていたのであった。

達尾は千住宿の仇討によって本望《ほんもう》をとげ、仙之助の首を討ち取って引き下げ、同宿の自身番屋へみずから出頭した。そして、盥《たらい》に水を汲ませ、仙之助の首を二、三度水にひたして「人を呪はば、二つ穴を求める道理」（自他ともに死に至る）と言ったという。

当時詠まれた川柳・狂歌には、次のようなものがあった。

桑原へ落ちて雲助ころされる
助太刀は三略得たる鬼一郎
名僧も悪も祐天名が高し
もうわるい事仙之助なり
口惜しいと腹を達尾の年月も
今ぞ敵にめぐり大村

一句、「桑原」と「クワバラ、クワバラ」が掛かり、「落ち」は殺人事件のあった藤川の縁語、「雲助」（無宿者）は祐天をさす。二句、「三略」は中国の兵法書、三句「祐天」は寺でも悪党でも有名、残りは音通によるダジャレにつきる。

祐天の生い立ち

同年一〇月頃の新徴組小頭山本仙之助由来写（探索書）に収録された、教昌寺住職（祐天の叔父）の供述によれば、祐天の素性は次のように記録される。

甲斐国の出生で、「法印」（僧侶）・「祐天」と称したが、若年の頃から剣術を好み、「法印」の修行は少しも学ばなかった。いたって「力士」（力持ち）であり、「三人力」の「強勇（剛勇）者」であった。

駿府（現静岡市）に出て「公事出入《くじ》」（訴訟沙汰）をおこし、差添《さしそえ》の「法印」教昌寺住職に御預《おあずけ》となった。御預の身でありながら、駿府二丁目の遊女屋へ毎日遊びに廻り、ついに遊女を「貰い」請けたいと「強談」に及んだ。先方が不承知であり、次第に掛け合いが差しもつれると、「あばれ《（暴）》」だし、廓内の四、五〇人が集まって「大喧嘩」となった。祐天も少々疵を受け、相手方も怪我人がでて、「六ケ敷大騒動」になっては困ると遊女屋が「閉口」した。

こうして、「仲人」（仲裁人）たちが立ち入り、祐天は「訳なく女」を貰い受け、駿府を立ち退《の》いたとされる。この喧嘩の「働キ誠ニ強勇」なりと、世間の人々は恐れて、今は「通り者」（渡世人）になった。その後、諸国を徘徊し、甲州にも「子分」ができ、喧嘩に一度も負けたことがなく、武田信玄の軍師として有名な山本勘助の末流と申し触れ、まずは「壱人立ちの道楽もの」となった。

親分として売り出す

甲斐国の高尾社では、毎年九月晦日の夜より十月朔日まで、参詣人がおびただしかった。同社の近辺の山では、博奕が数ケ所で催され、いずれの場所へも「親分」と唱える者は長さ二尺七、八寸（八〇～八四センチ）の長脇指《ながどす》を差し、銭財布を「子分」に担がせて寄り集まった。理由はわからないが、弘化三年（一八四六）九月晦日の博奕で口論となり「和熟（和談）」にならず、その日はいったん引き取ることとなった。ところが、鰍沢《かじかざわ》（現山梨県富士川町）で「大喧嘩《おおげんか》」となり、祐天は一方の加勢に出て、他方の加勢となった桑原来助と闘った。その喧嘩で、祐天は来助を討ち果たした。双方で死者は七、八人、怪我《けが》人は大勢出たという。

甲府に宇吉（三井の卯吉）という（町方）「手先《てさき》」（岡引《おかっぴき》・案内者）がいたが、甲府勤番支配の「博奕手入」があったため、いったん江戸へ「出奔」していた。ところが、いかなる「手続」をしたものか、江戸の町方与力から甲府町方懸の加勤与力宛に書状を書いて貰って舞い戻った。その内容は、「この者は用弁に立つから、用向きを申し付けるのがよかろう」という紹介状であった。これを持参して帰国し、甲府与力の「用聞《ようきき》」を命じられた。やがて宇吉は「利口」に立ち回り、甲府では「頭株《かしらかぶ》」（親分）となり、次第に金子も貯め、子分たちもできた。しかし、在方（在村）の「強勇の道楽者」には「天窓《あたま》」（頭）があがらなかったので、加勤与力へ申し立てて召し捕えさせたため、「有名な道楽者」は甲州に住むことができなくなり、一時諸国へ出奔した。こうして、宇吉は「大天窓」（大親分）となり、甲州で宇吉の上を越す者はいなくなった。この宇吉には、第一の子分として祐天がいたため、「甲府の宇吉」を看板にして江戸を始め諸国に名を売り出した。

ところが、いったん甲州を出奔した「吉原亀」が、恵林寺《えりんじ》の祭礼に合わせて子分を連れて舞い戻ってきた。そこで祐天は大喧嘩をしかけ、一人で吉原亀と子分三人を切り殺して出奔した。その吉原亀の子分に波之助という者がいた。祐天を親分の敵として半年ほども捜索したが、行方知れずであった。そこで波之助は、祐天の親分宇吉を殺せば、祐天が立ち戻ると思い、夜中に宇吉宅を子分九人を引き連れて襲った。波之助は、宇吉夫婦を「首は首、手は手、足は足と、ずたずたに切り殺し」たという。

宇吉の弟に甲府の牢番人をつとめる三井健次郎がいた。健次郎は「兄の敵」として波之助を勤番支配へ届け出て、支配から召し捕えが下知されると、健次郎も兄宇吉の子分五〇人を引き連れて捜索にあたった。

その二年ほど後、祐天はついに甲州河内《かわうち》のあたりで子分二人を連れ立っている波之助を尋ね出し、三人とも討ち取って首を落とし、山越えで甲府へ戻ろうとした。ところが、首を持ちかねて、途中で子分の首を捨て置き、波之助の首だけを甲府まで持参し、宇吉の墓前へ手《た》向《む》けた。牢番健次郎とその子分も「その歓び大方ならず、手並みならびに才智の程を一同感じ入り、ついで健次郎から支配へ祐天を「品能《しなよ》」く申し立てた。こうして祐天は甲府の「大《おお》達《だつ》」（大先達）となり、宇吉の子分も従えて子分は総勢五〇〇人ほどとなって、「近来の勇士と評判」を博したとされる。

検死と遺恨

同年十月二十日の老中板倉周防守（勝静）宛神原重五郎吟味申上書写によれば、検死結果と仇討ちの動機が次のように記録される。山本仙之助は、背の横に切り込み疵が一ケ所、同所右より筋違いに長さ七寸（約二一センチ）と五寸（約一五センチ）ほどの切り疵が二ケ所、同所右に切り疵が一ケ所あり、首は切り落とされ、首頬の横に切り込み疵が一ケ所あった。

仇討人大村達尾の素性は、もと喜連川左馬頭《さまのかみ》家来、助太刀の藤村鬼一郎はもと上杉弾正大弼家来とある。達尾の父は、喜連川左馬頭家来大村源吾の養子となり、弘化二年（一八四五）桑原来助と改名し、剣術修業で身を立てたが、同三年甲州鰍《かじか》沢《ざわ》村地内で何者かによって殺害された。

その息である達尾は、祖父源吾から「敵討」を託されたが、「空しく年月を費やし」ていた。左馬頭家から暇《いとま》を申し受け、新徴組に御抱入となったのは文久三年二月中のことであったとする。

鬼一郎は新徴組で達尾と懇意になり、鬼一郎がかつて「剣術修業」中に旗本堀田弾正（寄合）の家来海原貞次郎から聞いた来助殺害の顛末を、達尾に語ったという。それは、弘化四年（一八四七）に海原が鰍沢村へ立ち寄った際、同村の者から聞いた話であった。桑原来助が同村に止宿していたところ、博徒の頭祐天とその宿所の主人とが口論となった。見かねた来助が仲裁に入り、祐天が帰った後で、来助と主人が酒を呑んでいたところへ、何者かが表の方から鉄砲を打ち掛け、弾が来助の股へ当たった。

来助が抜刀して追いかけたところ、鉄砲を打ち掛けたのは祐天で、子分を多人数引き連れていた。祐天は来助へ切り掛かり、ついに討ち果たしたという。ただし、その経緯について確証は得られなかったともいう。

こうして十月十五日に達尾と鬼一郎が「用向」で千住宿へ出掛けた途中、小塚原町（現荒川区）で偶然に仙之助に出会った。鬼一郎は「何気なき体《てい》」に来助殺害一件の始末を尋ねたところ、仙之助は「承知」したと答えた後、その場を逃げ去りいったん見失ったという。

伝聞によれば、桑原来助は竹居（武井）の吃安《どもやす》（竹居村安五郎）の用心棒であったもという（『藤岡屋』一一・二七二〜七頁）。

大名預

同年十月十七日の庄内藩主酒井繁之丞へ被申渡写《もうしわたされ》によれば、新徴組の大村達尾・藤村鬼一郎は、その方（庄内藩酒井繁之丞忠篤《ただずみ》）家来へ御《お》預《あずけ》を仰せ付けられた。請取方と手当等については、河津三郎太郎・松平上総介（忠敏）・林伊太郎へ承《うけたまわ》り合うようにとされた。同年十月二十八日の封廻状写によれば、（北町奉行）阿部越前守役宅において、目付の小笠原弥八郎が立ち合い、越前守が次の通り申し渡した。新徴組の大村達尾（亥年一九歳）と藤林鬼一郎（同二三歳）は、一通り尋のうえで酒井繁之丞（庄内藩主）の家来へ御預けとされた。

大村がその後新徴組に戻った形跡は確認できない。藤林は元治二年（一八六五）三月まで組士として確認できるが、慶応四年（一八六八）庄内入はしなかった。

庄内藩士二・三男、新徴組へ編入

文久三年（一八六三）十月下旬、水戸藩を脱藩して入隊した組士と、組士山田一郎に煽動された組士が多数脱走した。

十月二十六日、幕府は庄内藩など一三藩に江戸市中見廻りを命じた。庄内藩では菅《すげ》善太右衛門実秀《さねひで》の建言により、藩士の二・三男を上府させ、新徴組に編入する方針を打ち出した。当時の組士は二〇七人という（「小山松」）。

十月二十九日には、組士村上常右衛門ら五人が脱走した。

十月、幕府は酒井繁之丞に対し、最近御府内で浪士体の者が跋扈《ばっこ》いたし、折々に辻切りなどがあるとのことであるから、家来が繁々に見廻り取り鎮め方を命じた（『藤岡屋』一一・二八七頁）。

十一月朔日、酒井繁之丞家来（庄内藩士）が次のように幕府に届け出た。新徴組小頭の村上常右衛門が十月下旬（二十九日）に清水御門外往還において、一橋殿御用人の中根長十郎を殺害に及んで逃げ去った。藩が追々探索の上召し捕えて一通り尋ね、右始末に及んだ始末につき申し立てているので、幕府は町奉行阿部越前守御役宅へ差し出させ、当時詮議中であるとしている。

十一月六日夜九つ半時（翌七日午前一時）頃、巣鴨町（現豊島区）のうち里俗「上組抱番人」の粂吉《くめきち》が町内を見廻っている途中、小日向水道端（現文京区）の新徴組頭磯村勝兵衛方の侍という新八郎（二四、五歳くらい）が粂吉を捕え、「鍋屋という米屋へ案内せよ」と申し聞けるので、余儀なく同道した。すると、新八郎は米屋平助方の表戸をたたき返事がなかったため、差していた刀を抜き、潜り戸を切り開け、蹴り放して中へ入った。家内の者がその物音に驚き一同表の方へ逃げ出した。店へ上がって「主人に面会いたしたい」と申すので、条吉は自身番屋へ引き取り、詰め合っていた町役人へ始末を報告した。

その後に、新八郎が自身番屋へ参り、鍋屋と申す米屋へ入ったが、家内が一人もいなかったので、もしや紛失物があっては自分の身分にかかわるので、取り調べて翌朝屋敷へ届けるように申し聞かせて引き取った。そのため、平助方を取り調べたが、紛失品などはなかったので、昨日屋敷を尋ね参った。ところが、新八郎は主人の供で不在であったため、門番人へ始末を届け出て、十一月八日名主がそのことを御番所へ申し上げた（『藤岡屋』一一・三二〇頁）。不可解なできごとである。

十一月十日、新徴組は神田橋仮御役所（新徴組屋敷）において伍隊組合を命ぜられ、組士が誓詞・血判し、十三日からは御殿詰番を始めた（「新徴組勤書日記」）。

十一月十二日の封廻状によれば、新徴組の猪瀬禎一郎（三二歳）・加畑儀左衛門（二六歳）が一通り尋ねの上、本多美濃守（岡崎藩）家来へ預け返された（『藤岡屋』一一・三二七頁）。

十一月十二日と十三日には、三笠町御用屋敷に残る半分も、鞢木坂御用屋敷へ引き移った（「新徴組勤書日記」）。

十一月十四日、本郷二丁目（現文京区）月行司《がち》九兵衛が訴えたところによれば、十二日夜四つ時（午後一〇時）頃、町内西横丁往還において町人体の一人と侍体の一人がつかみ合いとなり、追々番屋前へやって来た。九兵衛たちが出て引き離して、名前と住所を聞いたところ、相手二人は市ケ谷田町一丁目（現新宿区）幸吉店の惣七と弥八、侍体の者は新徴組六番山田官司組の鈴木清太郎ということであった。三人はともに疵などもなく、往還行き合いでの口論の様子であり、自身番屋で双方に掛け合ったが深更に及び、同夜七つ時（翌日午前四時）頃に双方が引き取った。翌十三日朝四時（午前一〇時）頃、新徴組支配調役出役の井上富八郎殿が御越しになり、前書口論の始末書を差し出すよう命ぜられ、早速私・五人組・番人たちを新徴組御支配の松平上総介（忠敏）様御屋敷へ召し連れられた。ところが、鈴木清太郎と申す者は新徴組ではなく、私どもの無念の至りとなった。今般の一件は内分にて聞き済みとなった（『藤岡屋』一一・三二九頁）。

　十一月十九日、御府内昼夜廻りが、大名の戸田越前守（宇都宮藩主）・稲葉右京亮（臼杵藩藩主）・青山峰之助（郡上藩藩主）・間部安房守（鯖江藩主）・岩城左京大夫（亀田藩主）・水野日向守（結城藩主）・本多豊後守（飯山藩主）・松平近江守（広瀬藩主）・内藤長寿麿（湯長谷藩主）・牧野内膳正（小諸藩主）・牧野錠吉（長岡藩主）に命ぜられた（『藤岡屋』一一・三三五頁）。

鞣木坂の組屋敷へ引越

九月五日、鞣木坂御用屋敷にまず三〇戸の長屋が完成したため、三笠町から新徴組の一部が引っ越した（「小山松」）。その時に事件がおこったと、組士千葉弥一郎の回想録には記されている。

新徴組屋敷の取扱については、従来幕府と庄内藩との双方立ち会いで進められていたが、鞣木坂屋敷は、まったく庄内藩の一手取り扱いになってしまったという。そして、最初に移住してきた組士の中村定右衛門《さだえもん》・鯉淵《こいぶち》太郎は、意外なものを目のあたりにした。屋敷の四隅に掲げられた「酒井左衛門尉屋敷」と記した標木であった。彼らは、ただちにこれを取り除いて溝中に投じた。不法を詰問した庄内藩役人に対して、二人は平然として答えたという。「この邸《やしき》は酒井左衛門尉邸（庄内藩邸）にあらず、新徴組に賜わりたるものなり」と。

しかし、その暴挙によって中村定右衛門・鯉淵太郎は獄に投ぜられた。翌日藩は「新徴組御委任」の六字を加えて書き改めた。

ちなみに、中村定右衛門は武州幡羅《はたら》郡新堀村（埼玉県熊谷市）に生まれ育ち、馬庭念流《まにわねんりゅう》剣術の達人であった。近くの豪農根岸友山に誘われて浪士組に参加したが、その意気込みたるや抜群であった。定右衛門は上洛に際して、江戸にいた松江藩刀工の藤原長信に、出羽国鹿《か》角《づの》（現秋田県鹿角市）の鉄をもって太刀の製作を依頼し、その表銘に「雲州藩藤原長信作之」、

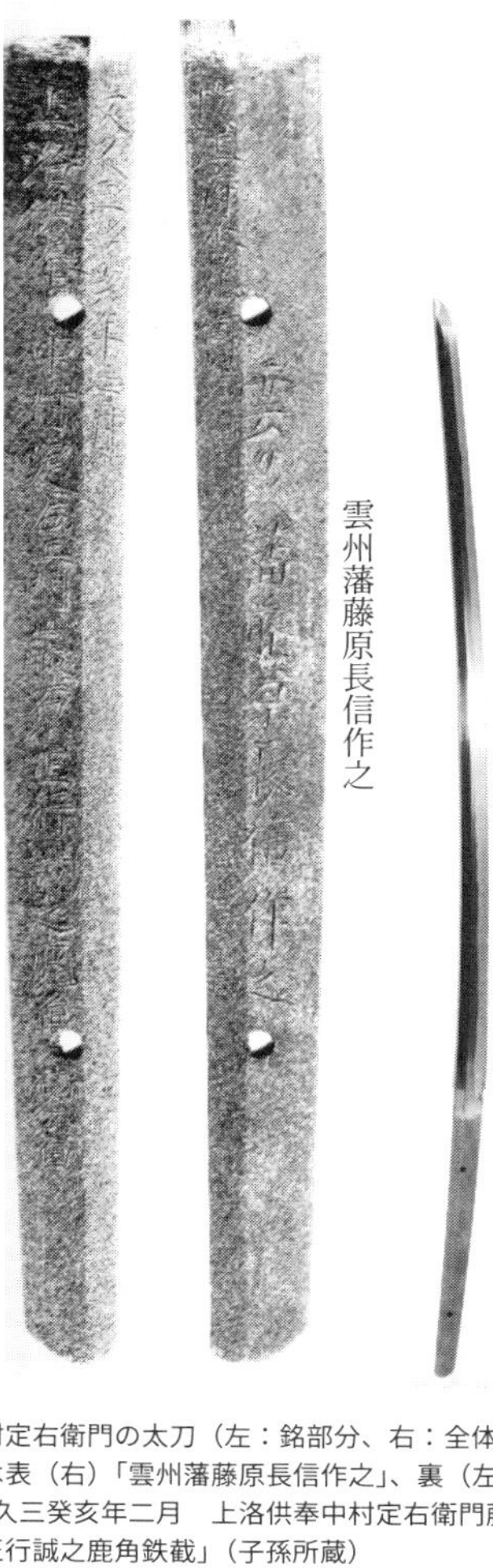

中村定右衛門の太刀（左：銘部分、右：全体）
銘は表（右）「雲州藩藤原長信作之」、裏（左）
「文久三癸亥年二月　上洛供奉中村定右衛門藤
原正行誠之鹿角鉄截」（子孫所蔵）

中村定右衛門の十文字槍
銘は「山城守藤原国重」
（子孫所蔵）

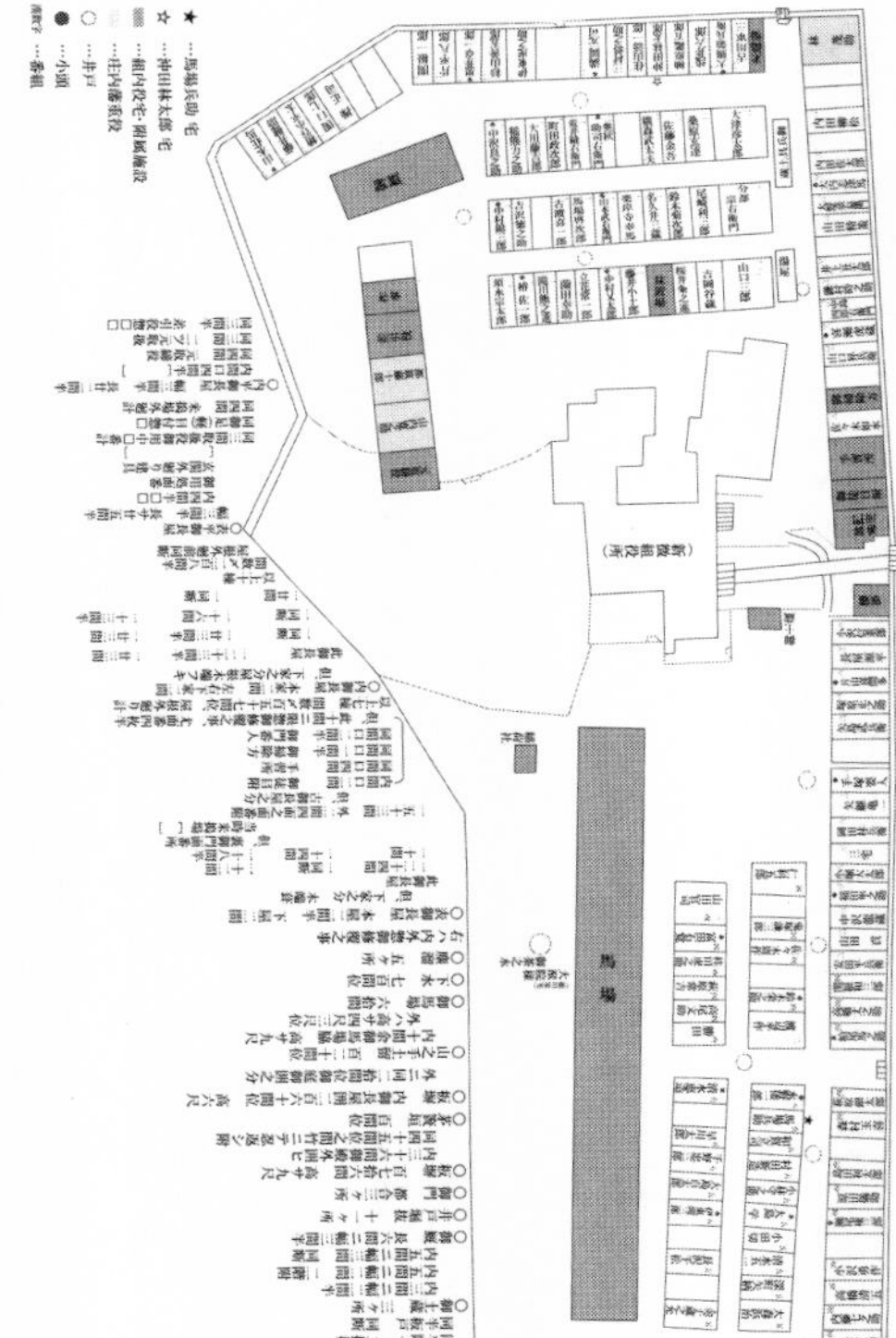

鶡木坂新徴組屋敷絵図（年未詳　鶴岡市郷土資料館所蔵、著者翻刻）

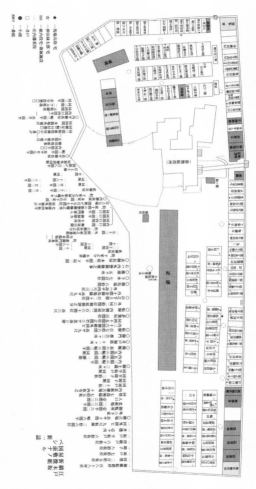

裏銘に「文久三癸亥　上洛供奉中村定右衛門藤原正行誠之鹿角鉄截」と刻むほどであった。定右衛門は高橋泥舟から槍術も学んだと伝え、浪士組では狼藉者取押役《ろうぜきものとりおさえやく》を、新徴組では剣術教授方をそれぞれつとめた。

他方、十一月十二日と十三日には、三笠町御用屋敷に残るすべての組士が𣑥木坂御用屋敷へ引き移ったともいう。十二月には、𣑥木坂御長屋の御門法(門限等の規程)が申し渡された(「新徴組勤書日記」)。

第四節　幕府御抱えから庄内藩への委任

新徴組、庄内藩へ委任

文久三年(一八六三)十一月二十日、幕府は、新徴組の一切を庄内藩に委任した。十一月二十一日　老中牧野備前守(忠恭)宅において藩主酒井繁之丞へ次のように申し渡された。すなわち、新徴組の者どもはこれまで諸般につき支配方にて取り扱い、騒ぎ立てがましいことがあった節のみ人数を差し出し取り鎮め方を取り計らってきたが、今後は賞罰をはじめ、万事をご委任なされ、当分のうち組頭以下役々への附属を命ぜられた。格別廉立《かど》つことのほかは、「手限り《てぎ》」（庄内藩の裁量）にて充分取り計らい、暴発等の懸念がないよう取り締りをたてるように。新徴組支配も追て廃止を命ぜられた（『藤岡屋』一一・三二六〜七頁）。

十一月二十一日の新徴組大岡の御届によれば、昨夜五つ時（午前八時）頃、新吉原江戸町二丁目（現台東区）家持の遊女屋久助方へ、侍体の者四人が遊興に来て、酒狂の上乱妨（江戸時代の表記、「乱暴」とほぼ同義）に及んだ。宥《なだ》めたが聞き入れず手に余ったため、久助から私人数（新徴組）の廻り先へ訴えてきたので、速やかに人数を差し向け捕え押さえ、一応尋ねたところ次のように姓名を申し立てた。勤仕並高橋美作《みまさか》守（泥舟）家来の田内新兵衛、講武所奉行並男谷《おだに》下総守家来の山本信三、新徴組の本多平之進、浪人の森山久兵衛であると。そこで南町奉行組同心を差し添え、佐々木信濃守（顕発、町奉行）役宅へ差し出した（『藤岡屋』一一・三二七頁）。

十一月二十二日　新徴組が庄内藩へ移管されたので、新徴組支配の松平上総助・林伊太郎が御役御免、勤仕並寄合を命ぜられ、これまで出精して勤めたとして時服三領ずつを下賜された（『藤岡屋』一一・三二九頁）。

十一月二十四日、老中は新徴組に対して次のように沙汰した。世情がとかく物騒《ぶっそう》であり、殺傷または押借《おしがり》など悪行を働く者は、見かけ次第に搦《から》め捕えるには及ばない。その場においてすぐに切り捨て、速やかに御府内を鎮静いたせ。もっとも武家方は辻番所、町方は自身番屋へ断り、死骸の取り扱いは規則の通りにその筋へ伺うようにと（「操兵練志録」）。

十一月二十五日、藩主酒井繁之丞が備前守（老中牧野忠恭）へ次のように届け出た。僧慈海にいかがの所業があると、新徴組の片山庄左衛門が申し立ててきたので、昨夜町奉行佐々木信濃守（顕発）へ引き渡した（『藤岡屋』一一・三三三頁）。

十一月二十七日、駒込片町（現北区）の両替渡世伊勢屋庄九郎方へ投文《なげぶみ》があった。

本郷竹町の阿部殿向かいの両替所へ急用がある。拙者どもは近々上京するので余ほどの金子が入用である。まず金一〇〇両ずつ取り集めることになったので、その方より金一〇〇両の借用を頼みたい。取りに向かわせるので、異議なく渡すよう。もしもかれこれと申して渡さないならば、きっと乱暴に及ぶので相違なく渡すよう。浪士組頭取の大関健蔵・小沢弥十郎・藤山一角・杉本鉄之助・内藤但馬と認《したた》められていた（『藤岡屋』一一・三三六頁）。

十二月朔日、町年寄役所から町々心得として、次のような申渡があった。

酒井繁之丞・戸田越前守（宇都宮藩主）・松平周防守（棚倉藩主）・相馬大膳亮（相馬中村藩藩主）・稲葉右京亮（臼杵藩藩主）・青山峰之助（郡上藩藩主）・間部安房守（鯖江藩主）・板倉内膳正（福島藩主）・大岡兵庫頭（岩槻藩主）・本多豊後守（飯山藩主）・板倉摂津守（庭瀬藩主）・岩城左京太夫（亀田藩主）・堀石見守（飯田藩主）・牧野内膳正（小諸藩主）・松平近江守（広瀬藩主）・水野日向守（結城藩主）・内藤長寿麿（湯長谷藩主）・牧野錠吉（長岡藩主）の一八藩の家来へ、次

の通り通達されたので知らせておくと。これは十一月二十四日の幕府指令（九〇頁）を町方へ触れ流したものであった。

浮浪の徒が跋扈《ばっこ》いたし、市中において殺傷にあう者が少なくない。または、浪士と申し偽って押借などいたし、とかく物騒《もの》がしいので、召し捕え方を命ぜられたが、いまだ鎮静には至らない。尋常では急速に取り鎮め方が行き届かないので、殺傷・押借そのほか悪行《あくぎょう》を働いた者については、見かけ次第搦《から》め捕えるに及ばない。その場においてすぐに切り捨て、速やかに御府内が鎮静となるよういたせ。もっとも切り捨てた節は、武家方は辻番所へ、町方は自身番屋へ断り、死骸の取り片付けは規則の通りその筋へ伺うよう申し渡す。すぐに外の場所へ廻った場合は、翌日に届けられたい（『藤岡屋』一一・三四一頁）。

肴屋も兼業していた組士

同年十二月朔日の老中松平周防守（康直、棚倉藩主）の御届（『藤岡屋』一一・三四二頁）によれば、本小田原町一丁目（現中央区）杢《もく》右衛門店の魚売神崎屋重次郎宅へ、かねて疑わしい浪人体の者四、五人、あるいは八、九人ほども立ち入って止宿しているとの密告があった。当時浪人の止宿は御法度《ごはっと》（厳禁）であり、昨夜の巡廻の節付き添った同心へ内談し、召し捕り方につき町奉行佐々木信濃守へ届け、指図を得てから新徴組は人数を差し向けた。

今暁八つ時（午前二時）頃に重次郎宅へ踏み込み、三人が召し捕えられた。新徴組の神崎平兵衛・志村佐吉および神崎屋重次郎であった。もっとも、「不筋之次第《ふすじのしだい》」もあるため、人数に警護させて両町奉行の組同心が差し添い、奉行の佐々木信濃守役宅へ差し出した。

伝聞によれば、重次郎はもと八王子千人同心の伜で、小田原町駕籠屋新道の肴屋となったが、「内証」で新徴組に参加していた。小田原町では肴屋として朝市に出て、仕舞った後で湯に入り、帯刀して侍になり、三笠町御屋敷に出勤していたという。小田原町の自宅には女房・子供がおり、平常は浪人四、五人を二階に居候《いそうろう》させていた。浪人たちは所々へ張札をしていたという。新徴組では五〇人ほどの頭であった神主が、重次郎の腰押しをして越後屋へ強談に行かせたところ、重次郎を見知っていた者から肴屋であることが露見し、召し捕りになった。

召し捕りになったその夜も、二階に七人の浪人がいた。いずれも屋根づたいに室町《むろ》（現中央区）の方へ逃げたが、老中松平周防守（康直）人数が宵の口から小田原町に詰めかけ、夜八時（翌日午前二時）頃に召し捕えた。

当時詠まれた狂歌は、次のように見える。

扶持を取り肴を売って利を取って　腰押しをしてまた金を取り

侍に成りて肴を売って居る　さて韓信な小胯《また》潜りめ
今迄は余多の札を張つたれど　今度は己れが罪を張札

一句、重次郎の三つ又かけた金儲け。二句、「韓信」は中国漢代の三傑の一人の名前で、「感心」が掛かる。特権身分になっても小商いに精を出す小憎らしい存在。三句、「張札」（告発文の掲示）で社会悪を批判してきた重次郎が、今度は自分の罪が張札で糾弾される。花札とハッタリ（虚勢・見栄）の音通は江戸っ児の博打好きをも連想させる。

捕えてみたら飯野藩士

同年十二月朔日の藩主酒井繁之丞の御届によれば、今朝榎坂辺で抜刀して駈け廻っていた「侍体之男」一人を、新徴組の小頭小林登之助門弟たちが捕え押さえ、町奉行阿部越前守（正外）方へ引き渡した。「侍体之男」とは保科弾正忠《ほしなだんじょうのちゅう》（上総国飯野藩）の家来で、当時は分知二五〇〇石の保科栄次郎附御用人（屋敷は虎御門内栄螺《さざえ》尻）であった。虎之門で馳走になり、「よき機嫌にてよろけ帰る」ところ、往来の者に行き当たり口論になったが相手が逃げたので、抜き身で後を追っかけていたところを捕えられた。

当時の狂歌には「捕えられ真赤な顔もあおひ坂　もうひあがりのほし菜なりけり」と見え

郵便はがき

料金受取人払郵便

王子局
承認

7004

差出有効期間
2023年06月
15日まで

114-8790

東京都北区東十条1-18-1
東十条ビル1-101

文学通信 行

■注文書 ●お近くに書店がない場合にご利用下さい。送料実費にてお送りします。

書名 冊数

書名 冊数

書名 冊数

お名前

ご住所 〒

お電話

読　者　は　が　き

これからの本作りのために、ご意見・ご感想をお聞かせ下さい。

この本の書名

お寄せ頂いたご意見・ご感想は、小社のホームページや営業広告で利用させて頂く場合がございます（お名前は伏せます）。ご了承ください。

本書を何でお知りになりましたか

文学通信の新刊案内を定期的に案内してもよろしいですか

はい・いいえ

●上に「はい」とお答え頂いた方のみご記入ください。

お名前

ご住所　〒

お電話

メール

る（『藤岡屋』一一・三四二～三頁）。「あおひ」は青いと榎坂の別名「葵坂」、「ほし菜」は干菜と保科が掛けられているのであろう。

綱紀粛正と新徴法令

同年十二月六日、藩主酒井繁之丞が老中板倉勝静へ差し出した伺書によれば、新徴組は元来「正義の有志の名」を唱えてきたが、最近無頼《ぶらい》の悪党どもが新徴組と偽り唱え、御府内や近在で横行して乱暴・狼藉をはたらき、組中の名前にかかわってきた。組中の治まり方も行き届かず、すべてに意外な弊害が生じている。

庄内藩では新徴組を二隊分割とする新徴法令を立てた。そして、即今の形勢は容易でなく、御沙汰の次第もあるため、一隊四組として二隊八組をもって、毎日昼一組、夜一組ずつ廻り、昼は組頭が馬上でひきまとめ、調役と定役が前後に立ち、そのほかは家来の物頭・足軽などを差し添えて厳重に巡廻していた。夜は組頭・物頭などの騎馬を避け、その時々二手に引き分かれ穏便に巡廻することにしたい。また、場所をあらかじめ定めず、諸人が群集する場所を中心に巡廻すれば、市中御取締の実が上がるとした。さらに、手当等については組頭の馬飼料を一ケ月に金三両、ほかに一日につき手当金二分、調役は一日につき金一分二朱、定役は同一分として下賜を願った（結果は未詳）。

また、別の伺書によれば、新徴組は「軽々ニも御家人の事」として、御用向きに限って老中・若年寄以下に対して「殿」文字を用いる（上書の宛所に「様」ではなく、「殿」を使用できる）など、すべて「御目見以下之御家人」の文格を許すべきか、また同じく御城や御役宅への出仕は継《つぎ》裃《かみしも》の着用、帯剣とするなど「御家人之振」合を許すべきかの、それぞれ指示を仰いだが（『見聞雑話』）、その応答は未詳。

十二月六日、藩主酒井繁之丞の御届によれば、浪人という古屋仙蔵は、いかがの所業があると聞き、昨夜板橋宿において捕え押さえ、今日阿部越前守（正外）方へ引き渡したとする（『藤岡屋』一一・三四八頁）。

十二月九日、藩主酒井繁之丞の御届によれば、次のようであった。

家来どもの廻り先、大鋸《おが》町（現中央区）辺において怪しい侍体の者一人を見受けたので後をつけたところ、急いで本材木町（現同前）河岸へ参った。いよいよ不審に見受けられたので、追い詰めたところ、川中へ飛び入り刀を抜いたので捕え押さえ、昨夜阿部越前守方へ引き渡した。

別の史料によれば、本材木町で召し捕えた侍一件は、侍一人が無提灯《むちょうちん》で大鋸町を通ったところ、向かいから二人が提灯二張を点《つ》けて参った。そこで無提灯の侍が「私は無提灯で難儀しているので、何卒提灯一張を貸してもらいたい」と頼んだ。両人は「途中で分かれるので、二張とも入用である」と断った。侍は酒狂の上で、「ぜひぜひ貸してほしい」と申して口論に及んだところへ、酒井の御廻り方がやってきて捕えた。

糺したところ、老中井上河内守（正直、浜松藩主）の家来で、屋敷へ伺ったところ町奉行へ差し出すようとのことで、町奉行阿部越前守へ差し出した。この一件につき、市中廻り方へ御書付が出たそうな。無提灯を咎めるのも臨機応変、ほどよく咎めるようにとの御沙汰が近日出るそうだ。川柳二首が記される。

井上の茶碗あぶなし酒の酔い
大鋸町で引かれ切れたる材木町（『藤岡屋』一一・三五二〜三頁）。

一句、井上は主人の姓と井戸の上が掛かる。酔い覚ましの茶碗水は、井戸から転落するよ。二句、大鋸で引かれて材木ができるというダジャレ。

十二月十一日幕府は大目付・目付を経て、翌日全国へ御触流しをした。それには次のように記されていた。

近頃浪人どもが水戸殿浪人、あるいは新徴組と唱え、所々の身元宜しき者へ攘夷を口実に無心を申しかけている。そのほか、公事《くじ》・出入《でいり》等にも携わり、かれこれ申し威し、金子を差し出させる類いがある。追々と増長に及び、みだりに勅命などと申し触らし、在々の農民を

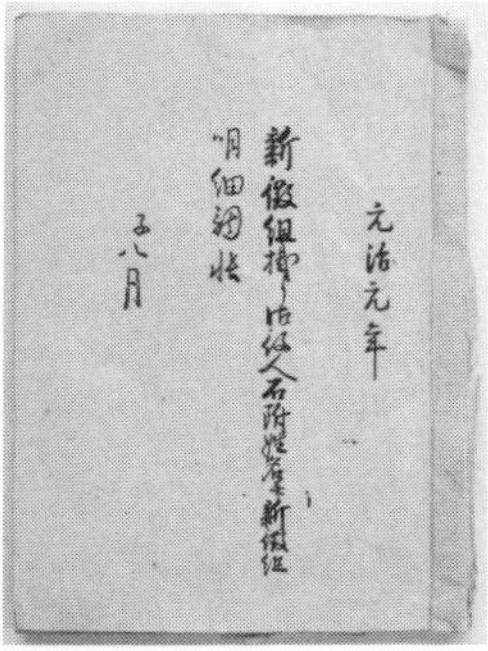 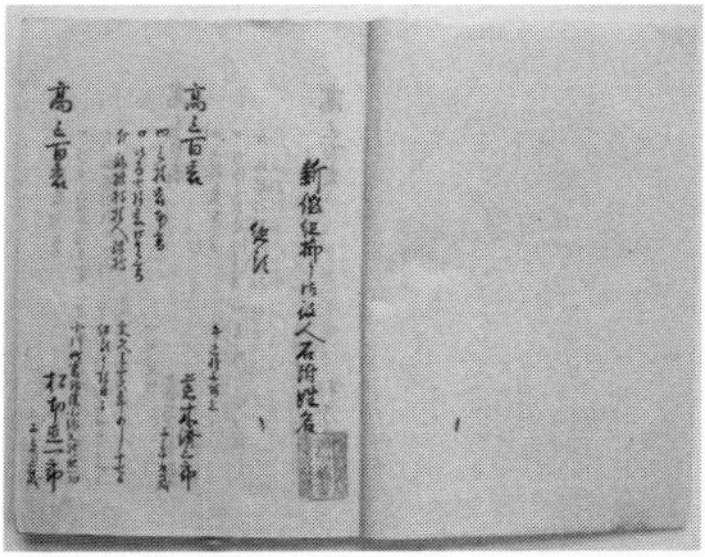

元治元年（1864）8月「新徴組掛り御役人石附姓名并新徴組明細帳」
（鶴岡市郷土資料館所蔵）　新徴組係役人士と新徴組組士の明細書上。

党類に引き入れる類いもあるやに聞こえる。今般（将軍様）御上洛を仰せ出された折柄、はなはだ捨て置きがたく、これにより以来御料・私領村々申し合わせおき、帯刀いたしていても、浪人体で怪しく見受ける分は、用捨なく召し捕え、手向かいいたせば切り殺しても、打ち殺してもよいと仰せ出された。

悪事に携わらない者どもは早々に旧主へ帰参を願い、神妙に奉公いたすよう。もし悪事に携わり、あるいは子細があって旧主へ立ち戻れない分は、有り体に訴え出よ。その始末に応じて罪を許し、または難儀にならないよう取り計らうようにする。万石以上（大名）・以下ともに、用向があって家来に旅行をいたさせる場合は、その都度きっと道中奉行へ通達し、先触れを差し出させよ。（中略）万一、先触れを差し出さずに旅行いたし、あるいは旧主へ帰参もせず、召し捕えの節に至って手向かいし、切り殺された場合はその身の

「不念《ふねん》」（不注意）であるから、そのよう納得するようにと（『藤岡屋』一一・三五五頁）。

十二月二十四日、室町三丁目（現中央区）家主与兵衛地借茂一郎後見三五郎へ、新徴組から差紙（出頭令状）が到来した。文面には、「尋ねたきことがあるので、明二十五日四つ時（午前一〇時）に町役人が差し添い、黐木《もちのき》御用屋敷へ出頭するよう。新徴組役所から右町役人へ」とあった。三五郎は薬種渡世であったという（『藤岡屋』一一・三八〇頁）。ほんとうに新徴組からであったかはわからない。

十二月二十六日酒井繁之丞は、「諸太夫《しょだいぶ》」（従五位下）に列せられ、左衛門尉《じょう》と改名する（『藤岡屋』一一・三八四頁）。

十二月新徴組の宿所を管轄する（三笠町）浪人世話懸名主がしたためた「惣縊《くびれ》書上」（『藤岡屋』一一・三四二頁）によれば、浪人の総人数は一二五人（集計値一二七人、同居六人）、そのうち男は一七四人（同居四人）、女は五三人（同居二人）、竈数は二八軒とされた。

元治元年（一八六四）のできごと

正月九日、藩主酒井左衛門尉（忠篤《ただずみ》）が老中に宛てた御願は次の通りであった。

新徴組の村上常右衛門・関口三千之助・鯉淵太郎・西野宗右衛門・中村常右衛門・大森浜治はかねて私の家来として御預けを命ぜられた。彼らは浅草向柳原（現墨田区）の下屋敷へ差し置き、家来を付け置いたが追々長期間になり、御府内廻り方にも差し響きひじょうに不都合である。できるならばいずかたなりとも早速御預け替えを命ぜられたい。

これによって、正月十五日関口三千之助・鯉淵太郎は三宅備後守（三河国田原《たはら》藩主三宅康保《やすよし》）家来へ、村上常右衛門・西野宗右衛門は北条相模守（河内国狭山藩主北条氏恭《うじゆき》）家来へ御預け替えを命ぜられた（『藤岡屋』一一・三九五頁）。その後も西野は山名主水助《もんどのすけ》（交代寄合山名義済《よしなり》、明治二年但馬国村岡藩主となる）家来へ御預け替えとなったが、御免願いによりなかなか行き先が決まらないでいた。

二月七日新徴組の小頭（支配組頭）であった片山弥次郎は、講武所奉行支配取締へ転任となった（『藤岡屋』一一・四二二頁）。

二月十日、老中御用番の牧野備前守（忠恭）への御届によれば、次の事件があった。

今夕八つ半時（翌日午前二時）頃、本郷竹町（現文京区）家主質屋渡世大島屋源助方へ、侍体の者三人がやってきて、去る戌年（文久二年）六月佐野芳之助から金三分で質入れした脇差一本を請け戻したいと言ってきた。それは同年閏八月中に関与四郎と申す者の使いと称して、金三分と銭四〇〇文にて請け戻したので「ない」と断ったところ、殊のほか立腹いたし、右は土屋竹蔵と申す者が所持の脇差《わきざし》であり、高値の品であり、余人へ渡しては迷惑であり、竹蔵に対して申し訳がたたない。右の代金として金三〇両を差し出せば勘弁いたすと、右三人で申し威し強談に及んだことを、私人数が承知した。そこで小普請組酒井順之助家来の佐野芳之助、新徴組の土屋竹蔵・石原富蔵が速やかに出張して三人を捕え押さえ、南町奉行組同心を伴い阿部越前守（正外）役宅へ差し出した（『藤岡屋』一一・四二六～七頁）。

二月十四日、藩主酒井左衛門尉の書付によれば、侍体の者五人と坊主一人には、いかがの所業があると家来どもが聞き込み、昨夜板橋宿において捕え押さえ、今暁阿部越前守へ引き渡した（『藤岡屋』一一・四二九頁）。

二月十七日、新徴組の金子武雄は吟味中に遠藤但馬守（近江国三上藩主、遠藤胤城《たねき》）家来へ御預けのところ、五島讃岐守（肥前国福江藩主、五島盛徳《もりのり》？）へ御預け替えを命ぜられた（『藤岡屋』一一・四三三頁）。

二月二十四日、幕府は庄内藩へ対し、田安黐木坂下の新徴組住居屋敷・家作、および修復料として金千両を下賜した。

二月二十六日、一条殿御内青柳牧太からの御届によれば、昨夜酒井左衛門尉の人数がやってきて、当御用所附の岡田伊織に不審の儀があり、御下知により召し捕えた。そのことを同人家来の中村大助・萱沢八重蔵が申し聞かせたという（『藤岡屋』一一・四四〇頁）。翌二十七日の備前守（老中牧野忠恭）宛の藩主酒井左衛門尉御届によれば、昨年御暇になった元新徴組小頭岡田盟は、当時浅草三好町（現台東区）の一条殿家来となって岸多門方に居住していた。

右の者にいかがの風聞があるので捕え押さえ、昨夜阿部越前守方（町奉行）へ引き渡したと。

三月九日、酒井左衛門尉の御届によれば、元小林登之助門弟で浪人の長谷川太郎は、かねての金策強談によって、今晩千住宿で見廻り家来（新徴組）どもが捕え押さえ、佐々木信濃守方（町奉行）へ引き渡した（『藤岡屋』一一・四五三頁）。

三月二十七日、筑波山で挙兵があった。新徴組を脱走して参加した元組士が、「筑波勢新徴組」を称しているとのこと。三月、新徴組の組士は二二七人とする（「小山松」）。

元治元年（一八六四）四月十一日夕刻、新徴組小頭の桜井禹之助は酒狂の上、かねがね軽蔑されて残念につき、討ち果たそうと思ったのであろうか、組士山川竹蔵に刃傷に及んだ。竹蔵は深手・薄手とも数か所を手負った。禹之助は差し押さえられ、竹蔵は療養を加えているが、生死のほどもわからない重傷になったとする。江戸府内取締の任にあった庄内藩主酒井忠篤は、両人への措置をどう計らったらよいかと、幕府へ指示を伺った。十五日に幕府は老中牧野備前守（忠恭）の附札をもって、次のように回答した。

新徴組の件は、賞罰をはじめ万事を庄内藩に御委任になっているから、両人の処置はほかとの引き合いもないので（庄内藩内部の案件だから）、「手限り」（藩専決）で取り計らわれたい（「東土産」四一〈『維新史料綱要』第五巻二二〇頁〉）。

四月十六日、幕府は新徴組の移管に伴い、庄内藩へさらに金二千両を追加支給した。五月

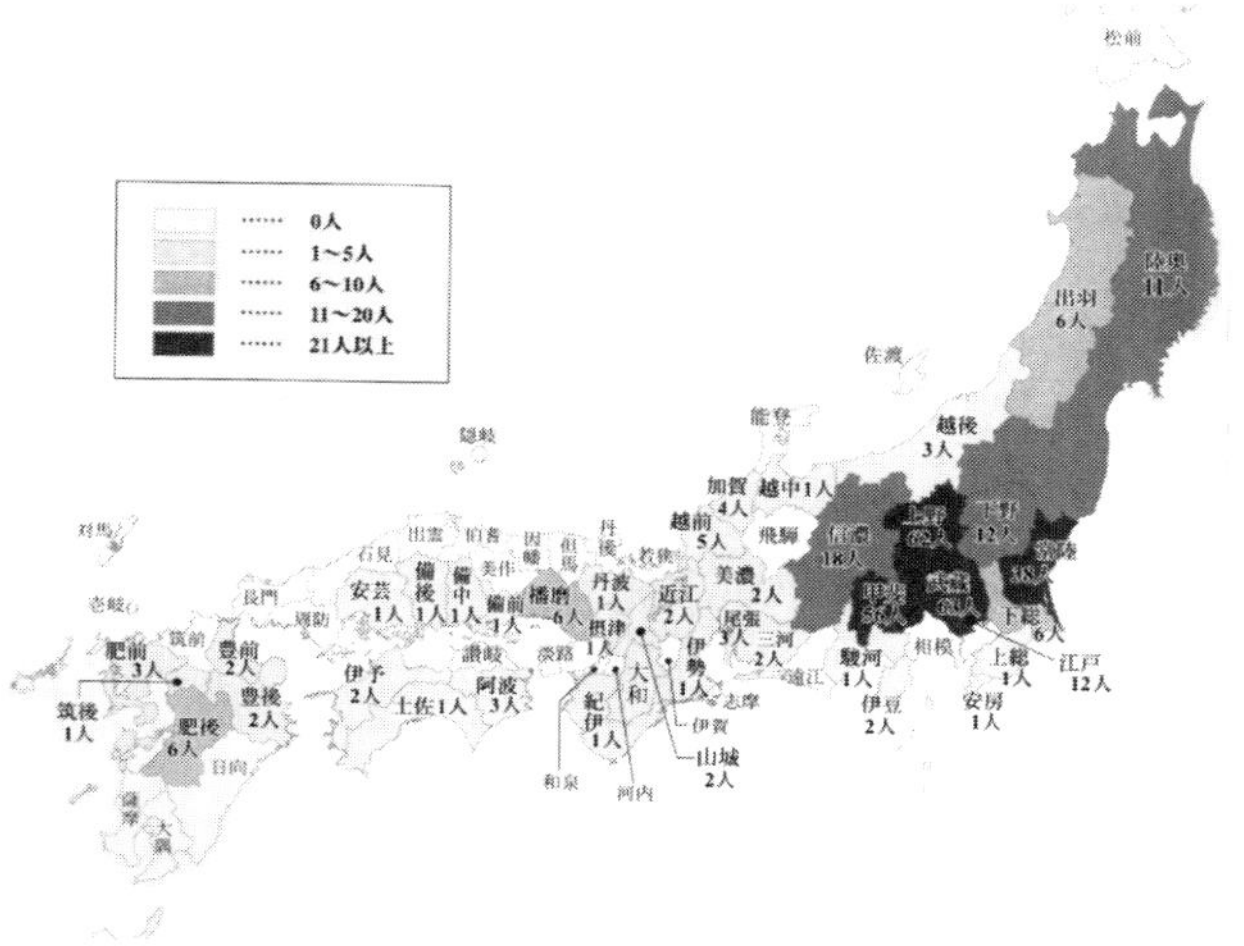

新徴組組士の出身地分布（長谷川奈織氏作成）
宮地正人氏『歴史のなかの新選組』を参考。

二日には、田安黐木坂下の屋敷が手狭になったとして、同所地続きの戸塚厚之進屋敷を添地として下賜した（「操兵練志録」）。

熊本藩邸を強請る組士

元治元年（一八六四）四月五日「風聞届」によれば、本所三笠町の新徴組は、大内志津馬《しづま》組合の勝田芳蔵・横山明平が、熊本藩上屋敷の手廻り者（中間・小者）部屋での「金銭勘定（博奕）」に目をつけ、「その筋（博奕関係者）」へ「掛ケ合」い（強請《ゆす》って）、すでに金五〇両を差し出させていた。さらに、金五〇両の「無心」を申し懸けて断られると、直接に江戸抱六尺手廻り者の渡辺善右衛門へ掛け合おうと、同人の小屋へ参って面会を申し入れた。しかし、留守のため「役所」が引き受け、中役の園部善之丞が応対に出た。そこで「博奕」の件を申し立て、「委細は渡辺善右衛門へ申し伝えられたい」として、帰りがけに「御挨拶は承った」と返答されたため、「いずれ一、両日にまかり出でる」と申し置いて引き取った。

その後、熊本藩留守居が庄内藩主酒井左衛門尉の御留守居へ内々に、「当今は御公儀から新徴組へ武家屋敷内の件についても穿鑿《せんさく》方を仰せ付け置かれたのであろうか」と嫌みたらたらと聞き合わせた。

庄内藩の留守居は、「左様の義は一切これない」と返答し、逆に（熊本藩からの）御問い合わせの詳細を聞き返した。するとこれまでの経緯を知らされ、（庄内藩留守居は）「もってのほかなる義」（けしからん）であり、手前方で組合（小頭大内）志津馬を呼び出し、きっと申し付けたい（しかるべく処罰する）」と返答した。その後、新徴組の二人は一度も参らないとのことであった。

勝田芳蔵（由蔵）は武蔵国比企《ひき》郡大谷村（現埼玉県東松山市）の出身で、上京浪士組から新徴組へ入った。慶応元年（一八六五）五月、無頼旗本青木弥太郎の金銭強談事件に関与して、町奉行所へ引き渡された。

横山明平（明泰）は武蔵入間郡川越（現埼玉県川越市）の浪士で、上京浪士組から新徴組へ入った。慶応元年六月には出奔し、同三年十二月には薩摩藩邸に結集した。同四年赤報隊へ参加し、その後追放処分となった（『藤岡屋』一二・四八三頁）。

組士すべてが庄内藩士に

元治元年（一八六四）四月、幕府派遣の新徴組諸役人の引き揚げが完了した。そして同年五月三日、新徴組はすべて庄内藩士となった。同日、新徴組肝煎の山口三郎が、庄内藩への委任につき組士へ申渡を行った。庄内藩から新徴組肝煎締役として山田官司、同肝煎として吉田庄助・森土鉞四郎・分部宗右衛門・柏尾馬之助・仁科五郎・大津彦太五郎が任命された。同日、新徴組組頭の荒木済三郎・松本直一郎・松下誠一郎・野田源太夫・安田静太郎・高須義太夫・小貫鋳太郎・小林弥兵衛、新徴組調役の大沢源次郎・畠岡俊之助・大野亀三郎・飯田豊之助・中山脩助・山内道之助、御勘定格・新徴組調役の山内八郎、新徴組定役の直江左太夫・小山門太郎・荒木重之丞・山内勝右衛門・藤本潤助・中島文蔵・深谷幸蔵・伊東整作・清水錠蔵・神谷麗三郎が役替えとなった（『藤岡屋』一一・五一一頁）。

肝煎の山口が、庄内藩ではすでに幕府から飯木坂御用屋敷を拝領したので、速やかに普請にとりかかり、各自へ一軒ずつ長屋を貸し与え、普請が完成し次第、父母・妻子を引き取ってよいと沙汰した（「新徴組御用私記」）。

組士の待遇と出自

新徴組組士は、庄内藩士に取り立てられ、家禄を支給され、組屋敷を与えられた。新徴組には、新選組と違って自主的な活動はほとんど見られないが、組内の思想の違いが粛清にまで発展することは当初に限ってはなかった。また、組士は家族との同居が許され、組士当人の死亡後は嫡子《ちゃくし》や弟などが跡目を継ぐことができた。新選組よりもその生活は比較的安定していたともいえる。

文久三年(一八六三)の新徴組組士三七五人のデータによれば、身分の判明する一八四人は浪人一〇五人・百姓四八人・藩士一三人・旗本家来四人・郷士五人・社人三人・医者二人、および幕臣・柔術家・剣客・修験それぞれ一人と、新選組同様に多様であった。

出身地が判明する三四六人は東北一七人・関東一九七人(江戸一二人)・甲信七四人・北陸一三人・東海八人・近畿七人・中国一〇人・四国六人・九州一四人・庄内三人と、東国出身者が圧倒的多数であった。年齢が判明する二八四人の最年少は一七歳、最年長は六二歳、平均は三二歳余であった。なお、本書巻末に「甲斐・伊豆両国　浪士組・新徴組参加者の出自一覧表」を付した。

第三章　御府内江戸の治安維持

第一節　治安維持への準備

新徴組の陣容と幕府の庄内藩動員

元治元年（一八六四）五月朔日、藩主酒井左衛門尉の御届によれば、新徴組の杉本源馬は、かねて病気であったが、四月二十三日病死したので組除けとされた（『藤岡屋』一一・五〇八頁）。

水戸天狗党（尊攘派）が元治元年（一八六四）三月筑波山で挙兵すると、太平山（栃木県栃木市）に屯集した浪士たちは、同年五月までには常陸・下総・下野に横行し、「攘夷の軍資金」と称して庶民から金銭を強奪していた。五月十六日、その浪士のうち元新徴組の組士であった山田一郎（白川浪人）・田島幾弥（上州浪人・元加藤虎之助家来）・天野準治（江戸浪人・元松平鷹吉家来）・渡辺欽吾（水戸浪人）・佐藤継助（盛岡浪人）は江戸に出て、幕府（老中）にその「強談」

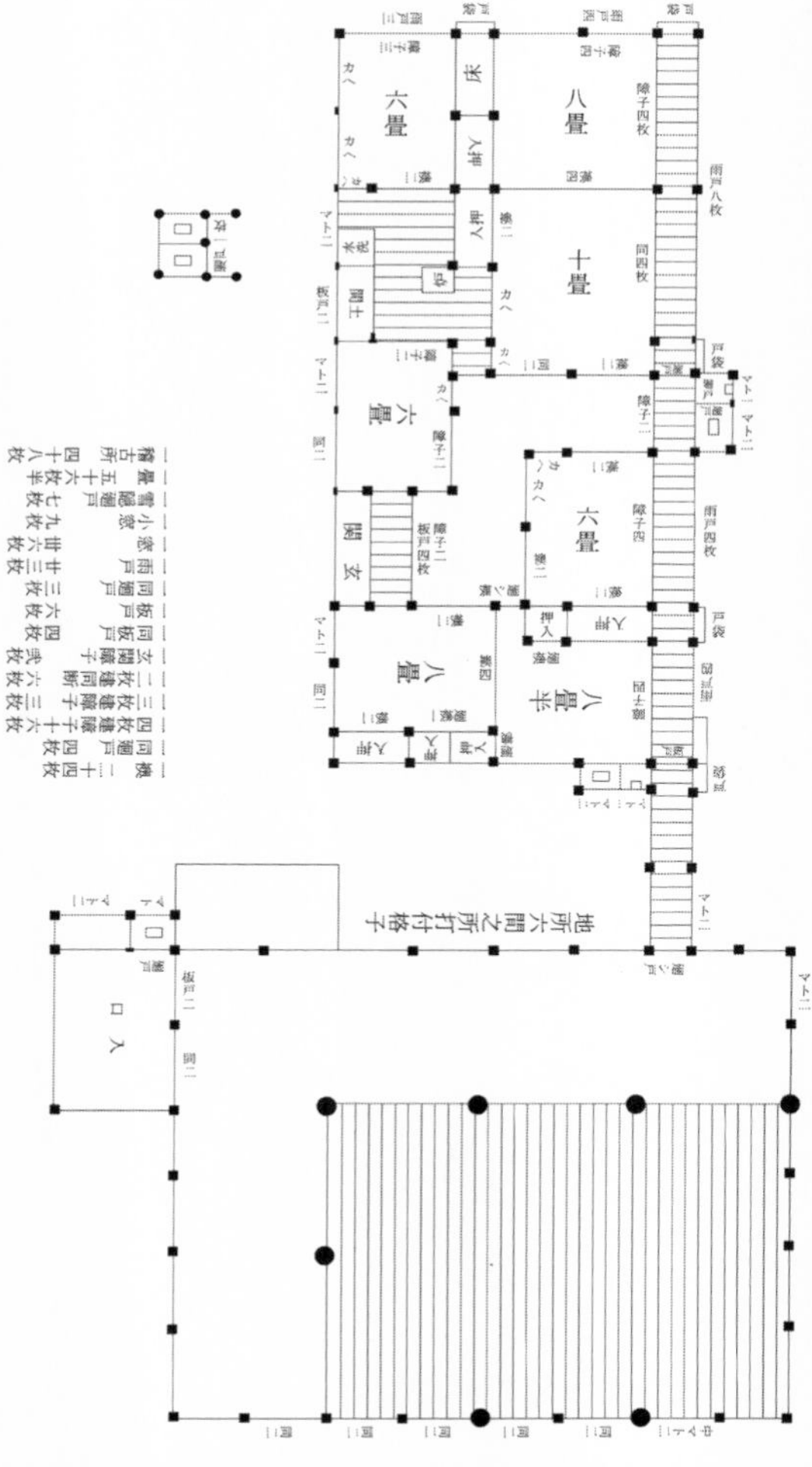

新徴組役所見取図（鶴岡市郷土資料館所蔵「新徴組御用私記」から著者翻刻）

の釈明と庶民困難の情況について自訴した（「永井尚志手記」「波山記事」「元治記事」〈『維新史料綱要』第五巻二七〇頁〉）。この五人は水戸天狗党の筑波山挙兵に伴い、新徴組を脱走して合流したのであったが、その顛末はわからない。

五月二十七日、永富町二丁目（現千代田区）の七兵衛方へ浪人体の者二人が金子を何度も押し借りに来たが、当日は七兵衛が他行《たぎょう》のため断り、町名主清八郎宅へ注進した。すると即刻に市中廻りの御家中（新徴組）二組一八人が参り、浪人二人を討ち捨てにした（「操兵練志録」）。「藤岡屋日記」によれば、その詳細が次にように語られる。神田永富町の質渡世下野《しもつけ》屋七兵衛方へは、新徴組の小沢時太郎・豊島虎之助が金談につき、これまで二、三度参ったことがあったが調達できなかった。また今日も参ったが七兵衛が留守につき、支配名主の明田《あけた》清次郎宅へ午刻（正午頃）過ぎに参り、「金五〇両を調達せよ」と迫った。すると「調達するから」との返事であったため、龍閑町の泥鰌《どじょう》屋で酒食して待つと言って、もしも調達できなければ、残らず首を打ち落として持ち帰ると威して出かけた。名主をはじめ肝をつぶして、早速酒井左衛門尉御屋敷（庄内藩邸）へ訴え出たため、御家来と新徴組五、六人が駆け付けた。ところが、二人は新徴組ではないことが判明し、しかも姓名を名乗らなかった。そこで縄目にかけようとすると、「縄目にかけられる罪はない」と言って、刀を引き抜き切りかかってきたため、抜き合わせて切り結び、二人とも切り倒した。

この騒ぎによってほか一人は逃げ去り、行方《ゆくえ》知れずとなった。切り殺された腹からは、喰った泥鰌が出たとのこと。新徴組は、未刻（午後二時）前に御用番（老中井上正直）河内守へ御届け申し上げ引き取った。死骸は町法をもって処理し、御検使を願い出た。新徴組の面々は、岡田昇作・赤井俊治・石橋清太郎・中村又蔵であった。切られた浪人の懐中には書付があり、それには「元治元年四月八日改め、小沢時太郎藤原董政（花押）」とあったとのこと（『藤岡屋』一一・五四九〜五五〇頁）。

禁門の変に伴い朝敵となった長州藩の処分につき、七月二十六日江戸の同藩檜町屋敷（下屋敷）を取り囲むため、新徴組も出張を命ぜられた（「新徴組勤書日記」）。

八月十八日　幕府は庄内藩に対して、昨亥年以来の市中廻りなど、殊に新徴組委任については格別に骨を折ったとして、出羽国御預所《おあずかりしょ》（幕府領庄内藩支配所）二万七千石余をその御手当として支給し、新徴組は末々まで家来同様御付与《ふよ》となった（『藤岡屋』一二・一一二〜三頁）。

庄内藩の史料には八十九日付で、幕府領であった出羽国御預所二万七千石を、新徴組附属分として加増されたことと、麴木坂御用屋敷のうち、まず完成した三棟を新徴組に貸与したと記される（「新徴組勤書日記」）。

九月二十四日、幕府は「今度御進発（長州征討）」を決定したが、藩主酒井左衛門尉は御旗本御先手を御免となり、江戸御留守中の御府内御警衛を命ぜられた（『藤岡屋』一二・一八二頁）。

庄内藩の新徴組綱紀粛正

元治元年（一八六四）八月四日の口達趣意によれば、組内では今に心得違い者がままあり、立ち入るべきでない場所へ立ち入り、その上不都合の所業に及び、諸家廻り方等へ捕え押さえられ、町奉行所へ引き渡される者がある。有志の名を汚し、局中の恥辱にあいなり、不埒《ふらち》の至りである。そのような者は即刻に組除けにいたす。外泊や遅刻は厳禁であるが、近頃自然と緩んでいるとして綱紀の粛正をはかった。その具体例として、名久井《なくい》三蔵・岩崎嘉吉が、大岡家の廻り方へ捕え押さえられ、町奉行へ差し出された不都合の件、足井卓一郎・渡部伝吉郎が無断遅刻して取り調べとなった件、小沢定四郎の八月二日夜の一件を挙げている（「新徴組御用私記」）。委細は未詳である。

市中廻り方

十月十七日　朝四つ時（午前一〇時）頃、永代橋向かいの御船手屋敷御門前において、酒井左衛門尉の御人数が浪士を召し捕え大騒動となった。

浪人二人が切り殺され、捕り方御人数のうちでも北楯金之助・村上善作・野沢寿三郎・小竹弁蔵・酒井吉弥は怪我《けが》をした。元水戸殿家老武田伊賀守（耕雲斎）内の一方の大将であった真田帆之進（三二歳）に対しては小竹弁蔵が初太刀で切りつけ、北楯金之助組が仕留めた（疵二一ヶ所）。真田は水戸殿家来剣術師範の千葉道太郎の元内弟子であるという。元水戸殿御目見医師昌山久離次男の岩名昌之進（二六歳）は酒井吉弥組が仕留めた（疵一三ヶ所）。

酒井吉弥の御届によれば、昨夜水野和泉守（老中、忠精）から御差図があって家来どもを差し遣わし、御軍艦奉行支配の深川向島組屋敷の水主《かこ》同心御船蔵番の小林平助方へ忍び込ませており、踏み込んで捕え押さえようとしたが、相手は抜刃をもって飛びかかって手向かいをしてきた。余儀なく両人どもを手負わせて捕え押さえて、松平石見守（康直）番所（町奉行所）へ召し連れた。十月十日、伯耆守役宅（老中、松平宗秀）へ家来が呼ばれ、家来の疵御手当として銀五〇枚を支給された（『藤岡屋』一二・二二九〜二三〇頁）。これら勇者たちは新徴組の組士ではなく、譜代の庄内藩士と判断される。巷間で「兵は東国に限る」とはこのことであった。

十一月三日、庄内御届によれば、（老中）水野和泉守殿の御差図により、本所四ツ目（現墨田区）通りの御小性小栗九郎右衛門宅へ潜伏していた水戸浪人を称する柴田源太郎、上方浪人を称する金田八郎を、昨朝庄内藩主は人数を差し出して捕え、巨勢《こせ》大隅《おおすみ》守組役の佐久間真太郎・河島伊織から請け取り、昨日松平石見《いわみ》守方（町奉行）へ引き渡した（『藤岡屋』一二・二五八頁）。

十一月四日、酒井左衛門尉家来の松平権十郎は、新徴組の取り扱い筋などが格別行き届くので、しばらく当地へ差し置くよう、幕府から通達があった（『藤岡屋』一二・二六三頁）。

十一月九日、深川松村町（現墨田区）由兵衛店の元廻船問屋新兵衛方に潜伏している長州藩士の逮捕につき、両町奉行組廻りの者から家来へ出動要請があった。庄内藩主は即刻家来を差し向けて、毛利左京家来で金方出役兼帯の斧吉之助、同用人留守居出役の白石春蔵、同中間の林蔵・庄之助・竹蔵、および新兵衛伜文三郎を逮捕して昨夕松平石見守方（町奉行）へ引き渡した（『藤岡屋』一二・二六九頁）。

十一月二十日、幕府は庄内藩主酒井忠篤に対し、新徴組取締を委任した（「黒川秀波筆記」「大垣藩士市川少蔵雑記」〈『維新史料綱要』第五巻六五七頁〉）。新徴組の委任だけでなく、その取締の委任を指令したのであり、これは幕府による新徴組委任措置の総仕上げにあたる辞令であった。新徴組士はこれによって以後、事実上の「庄内藩士」として扱われることになったが、厳密に言えば組士は「委任」されたのであって、けっして「移籍（幕臣が庄内藩士に所属変更）」されたわけではなかった。明治期になって、元新徴組士が旧幕府・徳川家に対して救済措置を要求するのは、まさに本来の所属が旧幕府であり、また元組士もその帰属意識を保持していたからであった。

十二月十五日酒井左衛門尉は、幕府から十七万石高の家格昇格を許された（『藤岡屋』一二・三三七頁）。

昼夜廻りの任命

慶応元年（一八六五）二月、新徴組の定員が一六〇人と決定した（「小山松」）。三月、新徴組は、鉄砲稽古を開始した。四月十五日、幕府は新徴組に対して、江戸御府内の昼夜廻りを一手に命じた（「新徴組御用私記」）。閏五月二十一日の封廻状によれば、新徴組の中村又太郎（二七歳）は一通り御尋ねの上、酒井左衛門尉家来へ預け返された（『藤岡屋』一三・三一頁）。

なお、飯田町中坂下御用屋敷一六〇戸が完成し、新徴組は三笠町御用屋敷を引き払い、全員が飯田町中坂下御用屋敷へ転居したともいう（「小山松」）。

第二節　新徴組事件簿

元新徴組の強盗

閏五月になると、先般から所々で噂になっていた強盗が、ある時は三、四人、ある時は五、六人、ある時は一〇人ほどが申し合わせ出没していた。いずれも襠高袴《まちたかばかま》をはいて割羽織《わりばおり》を着て、宵のうちや深更に裕福な町家そのほか御用達《ごようたし》町人どもの宅へ忍び入り、あるいは表戸をたたき、市中御廻り方などと偽って立ち入り、にわかに白刃を抜いて金銀を奪い取っていた。

今般その犯行が露見した。盗賊一味のうち、御旗本方や新徴組はその御頭へ、町人身分は町御奉行両組へ身柄を引き渡された。頭の青木弥太郎は根津宮永町（現台東区）の善次郎宅で召し捕れたが、強盗のなかに旗本が二人まで混じっていたのは珍しいことだともっぱら風聞となった。

頭の青木弥太郎（三七歳）は本所長崎町（現墨田区）続き一橋家右筆《ゆうひつ》菅定右衛門の地借、小普請高力直三郎支配で高二〇〇石取りの旗本であった。偽名を武田楽水と称し、武田耕雲斎の身寄りとのことで、天狗党の残党と申し触らし、怪我をした時だけは本名を名乗るという。津田孝次郎（二七歳）は同町永倉町続きの同支配で、当時は別手組出役をつとめる一五〇石取の旗本であった。さらに元飯田町屋敷詰の新徴組組士は中川一（三〇歳）・三宅捨五郎（二〇歳）・小栗実之助（二三歳）・勝田芳蔵（二六歳）・小田切半平（三二歳）であった。元新徴組岡田盟組下で欠落《かけおち》（単独逃亡）した西藤造（二八歳）こと善次郎は根津宮永町に住んでいたが、当時は町人体になり小倉庵長右衛門の料理人をつとめていた。同人同居の妾たつ（二〇歳）は元吉原町の遊女上がりという。「たつ」は一見したところでは柔和の女子で容儀や愛嬌もあるような「柄《がら》」をつくっていたが、平常は懐剣を所持して諸人を欺き、博奕場所へゆるりと出る時は、結び髪で荒々しい女子へ変貌したという。そのほか、本所元瓦町（現墨田区）家持、料理茶屋小倉庵長右衛門の伜長次郎（三七歳）、同人召仕《めしつかい》幸三郎（四七歳）、小梅瓦町源兵衛店喜助伜鉄次郎（二二歳）は小倉庵の向かい側にあり、同庵の料理人であった。幸三郎は平日、博奕のみ打ち歩くという。

同年三月下旬、武蔵国葛飾郡中之郷村（現葛飾区）にある金座役人上月《こうづき》小藤次の別荘へ強盗が押し入り、家内の多人数を残らず縛って手込めの辱めを犯し、通用金と古金六〇〇両を奪って逃げた。小倉庵長右衛門の最寄であり、小藤次方へ毎日のように料理を差し送っていてかねて「出入」（御用達《ごようたし》）であったので、長次郎もよく知る人であった。しかし強盗のうちに一人、面体を包み隠していたが啞者のように手真似をした者は、伜長次郎と格好がよく似ていたと家内が噂していた。しかし、小倉庵は当時借財はあったが、所持の地面もあり、ことに名代《なだい》の料理茶屋であったため、長次郎へ疑念をいだく者もなく、似ているとのみ心得ていた。これまで耳立てることもなく打ち過ぎたが、同人が啞者の真似をして打ち混じっていたことで、この節になって召し捕えが発覚したと聞いた者は、いずれも恐怖を抱いているという。

閏五月二十五日の御吟味の次第によれば、善次郎・鉄五郎・幸三郎・長次郎は、去る子年（元治元年）十一月晦日夜、深川冬木町（現墨田区）家持野口庄三郎（信州住居につき江戸不在）店支配人清助方において、金五二両三分二朱と銭一貫文を盗み取り、同年十二月二十二日夜五つ時（午後八時）、武蔵国葛飾郡中郷村のうち松平下総守家来山田彦右衛門抱屋敷に住宅いたす金座人上月小藤次方にて、金二三〇両余を盗み取った。この夜の盗賊は、頭取の青木弥太郎・鵇田庫之助《とびたくら》、配下は善次郎・幸三郎・長次郎であった。

場所と盗品は次の通りであった。


二月十二日夜五つ時頃、本所清水町（現墨田区）の両替・升酒渡世の正兵衛方。金一両二分と銭一二貫文。

十七日夜、本所相生町五丁目（現同前）升酒渡世の弥兵衛方。金三両と銭九貫文。

二十日夜、武蔵国葛飾郡小梅村（現葛飾区）百姓質渡世の菊屋久助方。金一〇八両と銭一一〇貫文余。

二十三日夜、南本所荒井町（現墨田区）周助方。金六八両三分二朱と銭八一貫四七文および白鞘刀一腰。

同日、浅草田圃（現台東区）の曹洞宗万隆寺。金一両二朱。

四月十二日夜、本所松尾屋敷（現墨田区）炭渡世の甚右衛門方。金四〇両二朱。

二十五日暮六つ時（午後六時）頃、武蔵国豊島郡坂本村（現豊島区）百姓菊助方。金二一両と脇差・鼈甲《べっこう》類〆三四品。

二十七日、武蔵国葛飾郡押上村（現墨田区）百姓庄兵衛方。金一両三分と銭一貫八〇〇文。

五月二日夜、本郷四丁目（現文京区）新五郎後見松五郎方。金五両判一枚、保字（天保）

小判一二枚、金一三両一分。

十二日夜、浅草三好町（現台東区）の質渡世太兵衛方。金一両二朱と衣類三品。

二十一日、浅草旅籠町一丁目（現同前）代地八十助方。金七両三分三朱。

二十五日暁、新吉原江戸町一丁目（現同）平太郎方。大小一腰、金二四両および衣類三五品。

盗賊は小普請組津田幸次郎、新徴組の鶏田庫之助・勝田芳兵衛・小田切半平・三宅捨五郎の五人などであったとする。

青木弥太郎妻で元桐屋抱遊女「賑わい」こと「たつ」は六月三日に入牢《じゅろう》、封廻状によれば、青木弥太郎は六月二日・十二日に一と通り尋ねの上揚《あがり》座敷へ遣わされたとする（『藤岡屋』一三・五〇〜三頁）。

七月八日　酒井左衛門尉御届によれば、一昨六日夕八つ半時（午後三時）頃から、小普請組山口近江守支配の神尾稲三郎屋敷前へ知行所の百姓一四八人のうち四人が徒党がましく居座って、立ち去らなかったので、昨夜家来を差し出して頭立《かしら》つ者ばかりを捕え押さえ、今朝根岸肥前守（町奉行、衛奮）へ引き渡した（『藤岡屋』一三・九〇頁）

七月十四日、新徴組が市中廻りのなか、元飯田町　俎　橋《まないたばし》辺（現千代田区）において、組士の森村東之助が乱心し、両手に白刃を提《さ》げて駈け行ったと町人から注進があった。当番組士の奥秋助司衛門《すけじえもん》が一番に駆け付けて声をかけると、振り返りざまに太刀を振り下ろしてきたので、すぐに身をかわし逃げた。関根一作が引き続き駆け付けると、東之助は打ち払ってきたので身をかわしたが、二の太刀で左の膝上に疵を得ながら、すぐに抜き打ちで東之助へ斬りかかり、間合いをみて助司衛門ともども組み付いて取り押さえた。桑原玄達と佐藤久米は東之助の両刀をもぎとり、渡辺平作も加勢をして疵を受けたとする（「新徴組御用私記」）。東之助は両刀遣いであった。

七月二十九日夜、新徴組の森村東之助は自殺して果てた（『藤岡屋』一二・一三二頁）。そして、東之助が自殺すると、翌二年五月十六日に「恥を知るいたし方は殊勝につき」として、娘の婿養子森村玉喜が召し抱えられた（「新徴組御用私記」）。

「藤岡屋日記」の七月二十五日条の元飯田町名主五郎兵衛の御届によれば、七月二十四日夕七つ半時（午後五時）頃、元飯田町（現千代田区）新橋際で同町の髪結職源七の弟子たちが店を開いていた。そこへ侍体の者が抜刃《ぬきみ》をもって理不尽に飛び入り、弟子たちのうち徳次郎と金次郎へ疵を負わせた。さらに、立ち去る節に往来で同町の米吉へも疵を負わせ、新橋向かいへ参った。そこで酒井左衛門尉の市中御廻りに出会って討ち留められた。

御紮《おただし》によれば、新徴組の森村東之助とのことで、まったく酒狂の上で乱妨に及んだものであった。東之助は飯田町黐之木坂下屋敷へ引き取られ、疵人たちもさしたることがなかったので、御検使は願わなかった。金次郎（一五歳）の疵は右肩前の七寸余（約二一センチ）、深さ一寸余（三センチ）、右足膝下の一寸五分、徳次郎（二〇歳）の疵は腰長さ三寸余、深さ一寸五分余、内股突疵は深さ二寸ほど、米吉（四三歳）の疵は背右之方長さ四寸九分ほど、深さ一寸ほどであった（『藤岡屋』一三・一一四頁）。

七月二十五日の庄内御届によれば、以下のようにも語られる。昨夕組橋辺で乱妨人があり、新徴組見廻りから早速一、両人が駆け付けたところ、新徴組の森村東之助が抜刀いたしていた。同組の関根一作が取り押さえようと向かったが、手負わせられやむを得ず太刀附となった。東之助は深手ではなく存命であったので、辻番所頭取の小出伊勢守家来と示談の上、すぐに鞴木坂屋敷へ引き取り療治に取りかかった。拙者家来同様に付与の者なので、「手限り」（自裁）で取り計らったが、他所において不慮に及んだため御届け申し上げるとしている（『藤岡屋』一三・一一四～五頁）。

七月十五日、酒井左衛門尉の家来石井与綱は、御老中方御宅へ差し出す使者は裃《かみしも》着用が勿論であるが、当時御府内御取締御勤めについては、裃・継裃のうち都合次第着用して勤めたいと幕府に伺った。おそらく許可されたであろう。

七月二十九日、庄内御届によれば、松平権十郎が幕府に対して閏五月に差し出した伺について、次のような回答があった。

かつて、町奉行池田播磨守（頼方）から新徴組中村又太郎に御尋ねの筋があるとのことで、懸り役人を差し添え差し出したところ、御調中は家来の者へ御預《おあずけ》になった。又太郎の懸合《かけあい》は一昨年十一月のことであったが、格別の不正の所業でもなく、すべて今日より以前のことは一切用捨いたす心得であり、おのおのへ「一新いたすよう」申し渡したが、今般前条の御沙汰となっては、かねての申渡の条目が反古《ほご》になり、取り扱い向きに差し支える。したがって、その扱いにつき町奉行へ懸合に及んだが、そのような御沙汰はないとのことで、至急に御沙汰を願った。これにより七月二十九日御委任以前の犯罪は、格別の御宥免とする通達をすると回答があった。

八月、組士の三村猪賀右衛門が過酒のうえ、組士の馬場熊蔵へ刃傷《にんじょう》に及んだが、九月九日に両人とも切腹して果てた。庄内藩の家法の通り両家はいったん断絶を命ぜられたが、十一月朔日、先非を悔い覚悟を決めて切腹したのは、「局中廉恥の風を取り失わず殊勝のいたし方」として、嗣子の三村将之助と馬場啓次郎はともに、父親と同様の宛行《あてがい》をもって新徴組に召し抱えられた（「新徴組御用私記」）。

九月十日のことであった。昨夜四つ時（午後一〇時）頃、家来が見廻り先の深川霊巌寺前通（現墨田区）で、暴徒体かつ怪しい様子に見受けたので、人数のうち二人が追い詰め捕え押さえにかかったところ、抜刀して手向かい手に余ったので、侍体一人を切り捨てた。そのことを辻番所持場の（老中）年番牧野備前守（忠恭）家来へ断り、死骸を引き渡して人数を引き払った（『藤岡屋』一三・一八〇頁）。

旗本を斬り捨て、組士も詰腹

慶応元年（一八六五）十二月十二日夜、新徴組六番隊が市中廻りの節、神田明神前（現千代田区）において、馬上の侍が不法・乱暴を犯したので、組士の羽賀軍太郎（二九歳）・中村常右衛門（三三歳）・千葉雄太郎（一九歳）の三人が斬り捨てた。後でその侍は直参旗本で、小普請組石川又四郎支配の永島直之丞であることが判明した。

永島家は承応《じょうおう》元年（一六五二）浪人徒党一件（承応の変）を密告した功績によって旗本に取り立てられ、武蔵国児玉・榛沢《はんざわ》両郡において知行五〇〇石を与えられた家系であった（『新訂寛政重修緒家譜』第二一、一九六六年続群書類従完成会発行）。幕末の直之丞の知行所は武蔵国児玉郡のうち鵜森村二〇七石余と見えるが、榛原郡の知行所は改易のためか見えない（木村礎校訂『旧高旧領取調帳』関東編、一九六九年近藤出版社発行）。

別の当時の史料によれば、不法・乱暴とは、夜中に無提灯《ちょうちん》で騎馬の侍一人が新徴組六番組の組中へ駆け込み、制止を聞かずに乗り廻って数人へ鞭《むち》を打ち付けた不法行為であった。永島は鶏声《けいせい》ケ窪《がくぼ》に上屋敷のある高五〇〇石の直参であったとする。

家老の松平権十郎は、すでに文久三年（一八六三）十一月二十四日幕府からの御達《おたっし》に、市中で殺傷・押借などを働けばすぐに切り捨ててもよい、また酒狂などで不法・乱暴をする者が白刃などを振り回して手に余れば、身分柄の差別なく斬り捨ててよいとあったため、三人に越度《おちど》はなく、別に構うほどのことはないとはじめは楽観視していた。

ところが、幕府から庄内藩へ大きな圧力があった。大目付の有馬阿波守（則篤、下野国吹上藩主）と目付の新庄右近（旗本、直温）が庄内藩の重役へ極密の内談として漏らした内容は、「御目見以上の身柄（身分）を討ち果たした者へはその致し方もあろう（忖度《そんたく》せよ）」と、当人たちの所存で切腹いたすよう取りはからうべきだというものであった。そうすれば、藩主の勤め向きの都合もたち、新徴組の名義を唱えるかどもたつとした。

これを知った藩主忠篤《ただずみ》は、新徴組委任の件は、若年の自分では任に堪えないので辞退申し上げるほかないと、藩士たちに内意を申し達した。主君を思う組士三人は組屋敷において、二十六日の亥上刻（午後九時半）に中村常右衛門信光（享年三二歳）が、亥刻（同一〇時頃）に羽賀軍太郎源芳忠（同二四歳）が、二十七日丑下刻（午前二時半頃）に千葉雄太郎平長胤（同二一歳）が、ぞれぞれ書置《かきおき》を残して切腹して果てた。

それぞれの書置には、中村は「御公儀様へ対し、酒井左衛門尉様へ厚き御心配あいかけ恐れ入り候次第、かつは御同士へ申し訳これなし」と、羽賀は「公辺にても容易ならざる御さしつかえにあいなり候趣、ひっきょう私一人より右ようなりゆき候段、深く恐れ入り」と、また千葉は「公辺においてもってのほか、容易ならざる儀と伺いたてまつり、かつ当家の御不都合の場合に至り、何とも恐れ入り（中略）切り捨て候は私壱人に御座候」と記されていた。いわば、いわれのない詰め腹を切らされたに等しかった。

それぞれ三人の辞世の和歌は、中村常右衛門信光が「越え行かんががたる山もあらばあれ君が為にはいさぎよくしぬ」、羽賀軍太郎芳忠は「もののふの道にかなへて死ぬときは　死出の山さへ明らかに行く」、千葉雄太郎長胤は「君が為思ひ定めし身なれども　猶わかれうき丑みつのかね」とされる。

三人の葬送は二十七日夕刻、酒井家菩提所の増上寺塔頭《たっちゅう》清光寺で行われ、新徴組の三〇人が麻裃で三列に並び、先に立つのは位牌持ちの頭分一人、槍を立てて日本橋通へ出て増上寺へ向かった。

同年十二月二十七日の主君からの被仰渡《おおせわたされ》では「切腹に及び候始末、親切のほど申すべきようこれなし。感涙《かんるい》にたえず候」と賞賛された。同年十二月二十九日に中村の嗣子安太郎が、同二年二月中には羽賀の異父弟岸巳之松と千葉の弟弥一郎が、新徴組に新規に召し抱えられたのはいうまでもない（「新徴組御用私記」）。切腹すれば、近親者に家禄が安堵される内約束であった。

他方、討ち果たされた旗本永島直之丞については、慶応二年（一八六六）四月二十四日に直之丞惣領の巳子《みこ》太郎に対して、次の通りの老中水野和泉守（忠精）から申渡があった。すでに父直之丞が庄内藩市中見廻りの者に討ち果たされたので知行所と屋敷を没収したが、その跡式は惣領にも下されないというもので、頭支配である小普請組支配の石川又四郎へ伝達された。

同様の申渡は小普請組明組《あきぐみ》（番頭空席の組）の小倉源之丞の伜政吉へも伝達されており、没収された父源之丞の御切米《おきりまい》と屋敷の跡式は、やはり下されなかった。二人とも改易《かいえき》に処せられたのである。

したがって、討ち果たされたのは永島直之丞だけでなく、小倉源之丞を含めた二人であったことが判明する。小倉が表向き非難の対象とされていないのは、単なる同伴者で巻き添えをくったためかとも思われる。

なお、千葉雄太郎の実弟弥一郎著『庄内藩と新徴組』には、兄の辞世と漢詩について次のように語られている。

荘内史編纂会の投書にして、鶴岡日報へ新徴組の記事として掲載せられたる中、亡兄雄太郎の辞世の作とあれども信じ難く、当時親友が賦したるの丶誤伝と想像せらる。亡兄の作として掲載せられたるは、実弟として感謝に堪えざるも、史蹟は国家の重大事にして、聊かも誤りなからん事を切望し、左に一言す。亡兄は頗る勇気に富みたる性質にして、武士は何時どんな所で死ぬか分らんと云つて、羽織の裏襟へ姓名を記して縫付けて居つた、武辺一途で文辞には甚拙なかつた。詩作などは出来ぬ。

と記している。漢詩は次のように訓読と解釈ができよう。

【漢詩の訓読例】

乙丑（慶応元）冬の感慨

狂夫蹣《まん》馬《ば》猥《みだ》りに隊を破り　烞《しゃく》士《し》三刀共に一声　晰《せき》々《せき》たる朔《さく》風《ふう》吹きて後《のち》止み

松間の円月　光明を益《ま》す

【解　釈】

常軌を逸した男と、よろめく馬が、むやみに隊列に突っ込み乱したが、隊の雄士三人が刀を抜いて、（声をそろえて）一声のもと切り倒した。そのあと、ピューピューと北風が吹き、やがて止んだ。近くの松林には満月がかかり、ますます光り輝いている。

小普請組支配の石川又四郎は高四千石、屋敷は神田橋御門外の大身旗本であったが、慶応二年（一八六六）三月十日に押込《おしこめ》となり、門戸を閉ざされた。それは組下の大竹仙之丞が二月二十八日両御番（小性組番士・書院番士）への御番入を命ぜられたが、自分の家が大御番の家筋であるものを偽って両御番の家筋と書き上げ、加えて俸禄二〇〇俵高を三〇〇俵高と書き出したことを「不念」として、差控を命ぜられたためであった。これはまったくの別件による処分であったが、頭としての監督不行届による組下の不祥事であり、前述の組下の旗本永島の不祥事と共通している（『藤岡屋』一三・三〇五〜八頁、四二三・四五〇・五一七頁）。

講武所剣術教授方桃井春蔵との問答

十二月十三日市ケ谷田町（現新宿区）において、酒井家御廻り方と講武所剣術教授方桃井《もものい》春蔵《しゅんぞう》との往来行き違い一件が起こった。市ケ谷加賀屋敷の高五千石、寄合巨勢《こせ》鐐之助屋敷では当日が稽古納めであった。剣術師匠の南八丁堀（現中央区）の桃井春蔵は子供三人、弟子八人を召し連れ、巨勢屋敷へ参り終日稽古をした。それが終わって種々馳走《ちそう》になり、夜四つ半（午後一一時）頃に退出し、加賀屋敷から長命寺谷を下って田町通りへ出たところの往来で、酒井家の御廻り方（新徴組）に出会った。春蔵はそれを心得て片側に寄って通ったところ、先へ立って行く手を遮ったのは新徴組であった。

新徴組「片（隅）へ寄らっしゃい」。

春　蔵「何か御用でもござるか」と側へ寄る。

新徴組「市中御取締御用である。通行人よ、なぜ片側へ寄って道を譲らなぬのか」と、言いがかりをつけてくる。

春　蔵「さようでござるか。拙者は御廻り方とお見受けしたので、すでに片側に寄って通っておる。これほど広き往来で、拙者が通ると御通行の妨げになるというのか」。

新徴組「この方は御用にて通行いたす。無礼・過言である」と刀の柄へ手をかけ抜こうとした。


（『藤岡屋』一三・三〇九頁）

春蔵の弟子の若者も抜き合わそうとする。春蔵はこれに構わず、番頭《ばんがしら》の馬の側へ向かい、あとから養子の春田矢柄と弟子たちが抜きかけようとしたのをとり押さえ、「師匠の命に背くか。刀を納めよ」と制止した。新徴組も抜くことができず納めた。

かくて春蔵は番頭の近くへ行き、下馬させて申すには、「先刻より馬上にて定めてご存じであろうが、この広き往来で妨げにもならぬが、人を片寄らせその上刀を抜きかけようとするとは、いかがの御心得でござろうか」。

「拙者は桃井春蔵である。以前の浪人であれば片隅をすごすごと通ったであろうが、只今は御眼鏡《めがね》（御目鑑）をもって与力上席を仰せ付けられ、講武所へ出役いたし、剣道教授役を勤める身分である」。

「あまり片隅を通っては公儀へ対してあい済まぬ。また御廻り方とてもこの広き場所では、往来人が妨げとはならぬ。それを片寄らぬとて刀を抜きかけるとは、乱妨人の取り鎮めではなく、かえって乱妨人そのものである。拙者は小身者であるから別条はないが、もし大身の方であれば家来も多く、かかる乱妨をしかけては堪忍できぬ。そうなれば大騒動になり、市中取締ではなく、市中取り乱しとなる。今後の心得にもなろうから、この件につき支配へも伺った上、往来行き違いの心得にもいたそうぞ」と申し断った。

すると番頭は恐れ入り、一言半句の申し訳もできず、「若者どもががさつの段、何とも申し訳ない。幾重にもきびしく申し付けるので、何卒今晩の件は御内分に御済ましくだされるよう、ひとえに願いたてまつる」と申した。

春蔵は「拙者とても事を好むわけではないので、向後のためにに一件の次第を一札にお認めになり御渡しなされたい。それにて勘弁としよう」と申したので、番頭は詫証文をしたため、その場は無事に双方が引き取ったという。

そして、次の狂歌が綴り込まれている（『藤岡屋』一三・三〇九頁）。

市谷に威勢酒井御廻りが　飛ん田町がい出す所なり
桃井が若狭の助でやってのけ　高ももろくも詫びる一札
名木の枝に構わず切り折るを　桃の木ばかり切れず花咲く

一句めの「田町がい」には「田町」と「間違い」が掛詞されている。二句めは「桃井」に「桃井」春蔵と「桃井」戸が、「若狭」には「若さ」（若者）と庄内藩主酒井家の同族である酒井「若狭」守（小浜藩主）とが縁語として掛かっている（作者は御廻りの派遣元を庄内藩ではなく、小浜藩と誤認していたのかもしれない）。また、「高」と「方」とは判読がむずかしいところであるが、「方」と判読できれば庄内藩主酒井家の家紋「方喰」を連想され、酒井家のお廻りをさす。「もろくも」には「桃」井春蔵と「脆くも」が掛かっている。三句めの「桃」には「桃」井春蔵が掛かっている。

江戸町方では結局、庄内藩の理不尽な「御廻り」を屈服させた痛快劇として歓迎し、この一件を面白おかしく揶揄《やゆ》したのであった。

ここに登場した桃井春蔵（一八二五～一八八五）は、鏡新明智《きょうしんめいち》流剣術の第四代目家元であり、旧姓は田中、通称は甚助・左右八郎、諱は直正を称した実在の人物である。沼津藩士田中豊秋の次男として生まれ、はじめ直心影流《じきしんかげ》剣術を学び、江戸で鏡新明智流の道場「士学館」に入門し、やがて師匠の婿養子となって宗匠を継いだ。士学館は当時江戸三大道場の一つで、「位」は桃井春蔵、「技」は千葉周作（北辰一刀流・玄武館）、「力」は斎藤弥九郎（神道無念流・錬兵館）と称された。文久二年（一八六二）、幕府から与力格二百俵高の御家人に登用され、翌年講武所剣術教授方出役《しゅつやく》に任じられた。この事件当時は四〇歳、円熟と自信が共存する硬骨漢がなせるわざであったろうか。

慶応二年（一八六六）のできごと

慶応二年（一八六六）二月の御達によれば、組士の中村健司が取り逆上《のぼ》せて半自害に及び、その後に脱走して、武州足立郡北三谷村（現足立区）で取り押さえられた。しかし、二月十四日には不埒《ふらち》の至りで急度も命じるべきところ、これまでの勤め方に免じて、本人は隠居とされたが、減俸のうえで嗣子健次郎が新徴組の組士に召し抱えられた（「新徴組御用私記」）。

五月六日の松平権十郎による庄内御届によれば、四月二十二日（一説に二十一日）朝、新徴組の薗部為次郎が他出して翌日になっても帰宅しなかった。心当たりを捜索したが行方《ゆくえ》がわからず、組合の者から出奔届が出されたため、五月六日組除けとされた。

薗部は松平大和守領分（川越藩領）の上野国前橋の町医者であったが、文久三年（一八六三）

九月に召し抱えられ勤めていた。出奔《しゅっぽん》の始末につき糺明《きゅうめい》したが、格別の子細もなかったものの、在所の老親が長らく病気で難儀とのことを組合の者へ話していたため、まったく親を案じて国元へ帰ったほかに、懸念の次第もないとしている（『藤岡屋』一三・五三九頁）。

「藤岡屋日記」には七月四日に入手した情報として記されている。六月二十九日夜、新両替町三丁目（現中央区）の自身番屋へ三宝院宮（醍醐寺三宝院門跡）の元家来で当時新徴組古川軍蔵の門人熊谷五郎がやってきて、落とし物をしたので探してほしいと言ってきた。番人が提灯《ちょうちん》を持って尋ねた時、人断ち（人払い）をしたことで五郎が立腹して刀を抜いた。

番人がそれを止めたので、番人は腕に少々疵を負った。詰め合わせていた町役人が刀を打ち落として取り組みあって、次第に大勢が出てきて取り押えられて、御訴えとなった（『藤岡屋』一四・八五頁）。

八月二十六日の御達によれば、組士飯塚謙輔にいかがの風聞があり、その上役々の心付けをも取り用いず不埒の至りにつき、御穿鑿《せんさく》の上で、本人は召し放ちとなって親類へ永預け、御雇勤めの長男謙三郎、および小筒打方の次男保は御役御免の処分となった（「新徴組御用私記」）。

同年八月中（二十一日）、組士石原槌太郎は半自害の上で果てたため、御大法の通り跡式は断絶となったが、十一月十日の御達によれば、武芸に出精して御雇勤となっていた嗣子の厚司が新徴組の組士に召し抱えられた（「新徴組御用私記」）。

九月十八日、外国人警護を任務とする別手組出役の後藤栄太郎・遠山仲・須田周司・黒沢虎蔵の四人がアメリカ国ミニストル（公使）、士官二人、婦人二人に付き添い、王子辺から浅草御蔵前を通行したところ、その場所へ町人体の者数百人が屯集していて外国人へ悪口雑言を申しかけ、その上礫《つぶて》を打ちかけてきた。外国人は護送の者によって浅草御門の方へ逃がされ、両人が残って制止方につとめた。

しかし、別手組の四人は次第に四方から取り囲まれ、外国人へ追いつくことができなくなった。余儀なく、（浅草）旅籠《はたご》町自身番屋へ立ち寄ったところ、番屋を多人数で取り囲み、石・瓦などを四人へ投げかけてきたので、そのうち二人は面体に礫疵を受け、止むを得ず抜刀して追い抜こうとしたが、多人数では防ぎがたく、御蔵奉行御役宅へ入ったが、それでも人数に引き取る様子もなかった。

黒沢は途中で、書院番頭巨勢《こせ》大隅守殿屋敷へ立ち入り、水を乞うたところ、巨勢殿の役人が頭支配と姓名を尋ねたので、「外国奉行支配別手組」と答えると、さっそく奉行の菊地伊予守方へ知らせ、その上新徴組を頼んで門前の乱徒どもを打ち払わせた（『藤岡屋』一四・二二四頁）。

諸色高直につき貧民屯集一件

九月中、酒井左衛門尉《さえもんのじょう》殿の市中廻り方と偽り、市中の所々を徘徊《はいかい》する者があった。ある日、庄内藩の廻り方と偽りの廻り方とが、道ではたと行き逢った。

庄内の廻り「何者であるか」。

偽せの廻り「酒井の廻りござる」と答えた。

庄内の廻り「雅楽頭《うたのかみ》侯(姫路藩酒井家)か、若狭《わかさ》侯(小浜藩酒井家)か、いずれの廻りであるか」と詰問した。

偽せの廻り「喰うと喰わぬとのさかい(境)でござる」と答えた。

米の高値には念仏がよく効くという。その訳を聞けば、「鐘をたたいて、飯米《はんまい》だ(ナンマイダ)、飯米だ」と(『藤岡屋』一四・二三八頁)。お粗末様で、お後がよろしいようでございます。

組士の遭難・刃傷事件

十月四日、組士の石原新作は私用の外出で早朝の五つ時(午前八時)に帰る予定であった。ところが、前日の三日夜五つ(午後八時)頃、庄内藩上屋敷御物頭《おものがしら》の御廻りが市ケ谷自証院門前（現新宿区）を通行したところで、倒れていた手負《てお い》の石原が「新徴組」と姓名を名乗ったので、組屋敷へ使いが差し向けられた。肝煎の分部《わけべ》宗右衛門、差引《さしひき》役の清水泉太郎、小頭の中村錦三郎などが現場に駆け付けた時には、いまだ絶命してなかったが、頭上に四ケ所、肩先一ケ所の突き傷は後ろから前へ貫通し、腰二ケ所、右手首は一ケ所、右足先一ケ所はいずれも深手であり、言舌は叶わなかった。

上屋敷の廻り衆へ尋ねたところ、最前に石原が申し述べたには、「御廻りの者へは遺恨があるといって、理不尽に斬りかかってきたので、やむを得ず刃傷《にんじょう》に及んだが、多勢に無勢《ぶぜい》でかかる仕儀となった。何分にも介抱を頼み入れる」とのことであった。石原はとりあえず駕《か》籠《ご》に載せられて引き取られた。

同月四日付の中島玄覚門人金子永信・小川教三による容態書《ようだいしょ》によれば、石原の傷は頭瘡の五ケ所は長さ二寸（約六センチ）から五寸であったが、いずれも骨にまで達する深さで、左肩の瘡《きず》は長さ七寸、深さ二寸余、同突瘡は背から胸に貫通し、右手の中指が落ち、腰瘡は長さ七寸、深さ一寸余、右足の打ちくるぶし瘡二寸余は、いずれも深手で危篤であった。いまだ絶脈には至ってなかったので、縫合法による手当を加えたが、治療中に死去したとある。卯の上刻（午前五時）のことであった。

石原が襲われたのは、市ケ谷無縁坂の深恭寺前の通りとされる。十二月十八日の御達によれば、見知らぬ者から理不尽《りふじん》に斬りかかられ刃傷に及んだが、その趣旨が分明に至りかねるので、跡目の沙汰には及ばれないとされた（「新徴組御用私記」）。

同年十一月二十六日の朝、先達てから病気で引き込み養生《ようじょう》していた組士岩間清四郎が、にわかに同組合の藤井弘司宅へまかり越し、伏臥《ふくが》していた藤井の頭上《ずじょう》に斬り付けた。

案内の者が声を立てたので、すぐ小頭の中村又太郎と組合組士が駆け付けたが、まったく発狂の仕業《しわざ》と見え、前後を弁えない体であったと届けられた。湯島四丁目（現文京区）の水戸様御目見《おめみえ》医師の中島玄覚の容態書によれば、頭の傷は二ケ所あり、一ケ所は長さ七寸くらい、頭蓋骨《ずがいこつ》から脳髄まで切り込んであり、一ケ所は四寸くらいで頭蓋骨へ貫通していた。藤井の傷は快方に向かったが、持病の疝積《せんしゃく》（胸・腹などの痛み）は悪化したとされ、末期《まつご》養子として高田徳三郎次男小十郎（当二〇歳）を願い、十二月五日に死去した。

清四郎の身柄は組内一同へ御預けとなり、交代で詰め合わせていた。小頭の又太郎が差し出した覚によれば、中村又太郎・稲熊力之助・尾崎利三郎・滝川熊之進・古渡《ふっと》喜一郎・桜井条之進《くめ》が交代で詰めていた。十二月二十八日は中村と桜井が当番であったが、夜八つ時（翌日午前二時）頃、中村が小用に参って少々手薄になったところで、清四郎は結ばれた紐を喰い切って起き上がり、「人を手負わせてしまい何とも申し訳ない」と申しながら、思いも寄らない神棚から合口《あいくち》（短刀）を取り出し、自害するかに見えた。とりあえず差し押さえようとしたが、その時に桜井は深手を追ってしまい、清四郎は自害して果てた。

中島玄覚の容態書によれば、桜井の傷は咽喉《のど》の傷一か所で、長さ三寸五分くらい、深さ五分くらいで、もっとも動脈が切れるとある。左の背中の傷は一ケ所で、長さ五分くらい、深さ二寸ほどであった。早速に縫合して薬用を加えたが、動脈が切れたので以後の急変もはかりがたいとあった。

十二月十八日の御達によれば、清四郎はそもそも藤井に遺恨などはなく、発狂からの仕儀であり、藤井の傷も快方に向かい、余病で果てたとは申すものの、軽からざる儀である。御吟味の上、そのままには差し置かれがたいものであるが、「自滅」（自殺）したことによって家名断絶のみを命ぜられた。なお、妻には身を寄せるところが決まるまで、一人扶持が下された（「新徴組御用私記」）。

増える新徴組への出動要請

慶応三年に入ると、江戸の治安状態がきわめて悪化したことで、新徴組の出動要請が増加していった。

二月八日の江戸藩邸から庄内御届によれば、昨七日夜に、神田松枝町（現千代田区）の甚八店与吉方で強談に及ばれたと注進があったので、家来どもを差し遣わし、その者を捕え押さえた。その容疑者は三番町（現千代田区）の歩兵で熊太郎と称したが、町奉行駒井相模守（信興）方へ引き渡したとする（『藤岡屋』一四・四六〇頁）。

四月四日の庄内御届によれば、昨日不審の趣があると訴えてきたので、新徴組の者どもが同道し、見廻り先の神田佐久間町二丁目（現千代田区）で浪人体の者一人を召し捕え、昨夕町奉行駒井相模守方へ引き渡した（『藤岡屋』一五・八頁）。

四月十一日の庄内御届によれば、先般拝領した飯田町屋敷内（新徴組組屋敷）には前々から東照宮がご鎮座あらせられ、毎年四月十七日に現役の火消役で御祭礼を執行してきたということなので、来たる十七日に御祭礼を催そうとした。拝領後、はじめてにつき届け出たとする（『藤岡屋』一五・一六頁）。

四月十二日の庄内御届によれば、江戸藩邸では浅草向柳原（現墨田区）の下屋敷において、鳴物《なりもの》を使って銃隊の調練をさせたいと国許へ届け出た（『藤岡屋』一五・一七頁）。

千住宿大黒屋にて御廻り方侍四人召し捕え一件

六月十日夜、上野御成道の旗本石川宗十郎の屋敷から、家来四人連れが千住宿へ遊びに参った。三人は先に参り、千住宿の大黒屋へあがって遊んでいたところ、残る一人の伊藤太助は遅れて参ったが、途中で掃部《かもん》宿の百姓伜を慮外（無礼・不躾《ぶしつけ》）とみなして切り殺したという。

そのことを聞きつけた酒井左衛門尉の御廻り方が、大黒屋へ踏み込んで四人を召し捕えた。翌十一日朝、北町奉行井上信濃守（清直）へ引き渡され、即日勘定奉行公事方の都筑《つづき》駿河守（峰輝）へ引き渡され入牢《じゅろう》となった。十八日はじめて評定所へ呼び出され吟味の上、夕方七つ時（午後四時）過ぎに、連れ三人は石川宗十郎屋敷へ引き取られ、あと一人の伊藤太助は人殺しにつき帰牢を命ぜられた（『藤岡屋』一五・一一五頁）。

八月二日の庄内御届によれば、昨夜新徴組が廻り先の深川仲町西横丁（現墨田区）において、抜刀して廻り人数へ切りかかって乱妨に及んだ者を召し捕え、町奉行駒井相模守方へ引き渡した（『藤岡屋』一五・一七〇頁）。

向島土手下の隅田村で人殺し一件

九月二十五日昼八つ半時（午後三時）のことであった。

かねがね代官から鳥狩猟の鉄砲打ちについては厳重の申渡があり、村方でも取り締まりを強化していた。酒井左衛門尉家来重役の伜で、当時は高五〇〇石、側御用人であった菅《すげ》秀三郎（三五、六歳）は、向島土手下の武蔵国葛飾郡隅田村（現墨田区）へ鉄砲で鳥を撃ちにしばしば赴いていたが、九月二十五日夕刻も供二人を連れて参っていた。

それを隅田村名主で村々惣代坂田三七郎の弟安之助（三五歳）が咎めて申すには、「この節は農業の繁忙期でございます。鉄砲を撃ってそれ玉があっては百姓どもが怪我をして困るので、鉄砲で鳥をとることはご無用になされますよう」と止めに入った。それに菅が立腹して鉄砲で打ちかかったが、安之助はそれでも承知せず菅から鉄砲を取り上げ、右の腕をつかんで名主宅へ引き連れようとした。

その途中で、菅は「名主宅へ参るから、手をゆるめてくれ」と申したので、安之助は気遣いもなかったと思い手をゆるめた。すると菅は即座に刀を抜いて安之助を切り殺してしまった。早鐘《はやがね》を聞きつけた村中の百姓たちが大勢、手に鋤《すき》・鍬《くわ》・鳶口《とびぐち》・竹鎗《たけやり》・棒切《ぼうきれ》などの得物《えもの》をもって駆け付け、侍三人を取り囲み生け捕りにしたとのこと。

この一件は隅田村を支配していた幕府代官佐々井半十郎へ訴えられ、翌二十六日に御検使となった。しかし、表向きになっては酒井左衛門尉の御役儀にかかわるため「内済《ないさい》」（和解）の扱いを命ぜられた。百姓たちはなかなか承知せず、ついに上野寛永寺へも歎願したとのこと。隅田村の一件は幕府御勘定方も出役《しゅつやく》し、御代官をなだめて内済となったが、千住宿での御勘定方の支払いなどで千両もかかったとする風聞がたったとする。以上は九月二十六日付の幕府密偵の探索書をもって公儀へ注進された。

十月付の探索書によれば、取り調べによってさらに次のことが判明した。菅は剣道そのほか武芸の達人で才気が勝り、もとより酒井家御譜代の御家来であったが、近来格別に高禄に昇進し、その身も裕福であった。九月二十五日には千住辺へ「遠馬《とおうま》」（乗馬による遠足）に参り、かねて知っていた千住宿一丁目百姓岩五郎から鉄砲で鳥を撃とうと勧められ、酒気も手伝い、思わず面白いと思って出かけた。西洋筒二挺を岩五郎から借り受け、召し使いの侍とともに二人で葛西《かさい》領（現葛飾区）村々へ赴き野道通りで発砲していた。その結果、雁一羽と鴨一羽を撃ち留め、同日夕七つ時頃に隅田村地内の御留川へかかったところで、安之助に見咎められたのであった。

安之助は左の襟先から首筋へかけ一刀に切りつけられ、首は切り落とされなかったが即死であった。菅は逃げ去ろうとしたが、発砲の音によって多人数が集まっており、さらに早鐘が打たれて大勢が呼び集められた。菅は手練《てれん》の両刀を引き抜き飛ぶ鳥のごとく振り回して追い散らしたが、勘弁ならないと百姓たちが頓着せず、一方へ逃げようとすると、また一方から近づきて打ち込み、さらに田の土を礫打ちにしてかれこれと時刻が押し移っていった。

そのうちに一人の百姓が菅の後ろから鳶口をもって足を払い、片足が田のなかへ踏み落ちたところを大勢の百姓が近寄り打擲《ちょうちゃく》し、菅が刀を落としたとみるや搦め捕ったという。その際、菅は頭上に切り疵を負い、そのほか数ケ所の打ち腫れと疵を負ったという。

この次第は村方から代官へ訴えられ、御検使の出役があった。酒井家からは御留守居が出張し、内分の扱いにせよと御示談があった。代官からその筋へ御内伺があったのであろうか、九月二十九日夜までは安之助は存命で療養中のつもりとされ、発砲はなかったことにされた。萱は酒井家へ引き取られ、村方へ諸入用として同家から金千両が下され、内分に済まされた。萱の武芸には見聞におよんだ者どもがとりわけ感服し、このような達人が一時の過ちから不慮の大変を引き出すとは哀れな成り行きだ、古来より稀なる内済だと広く風聞がたった。ただし、下された金千両のうち約六五〇両は酒食に、そのほかは諸雑用に支出され、さらに諸謝礼や仏事入用などを差し引くと、ほとんど残金はなくなったとのこと(『藤岡屋』一五・二二六〜七頁)。

第三節　組士千葉弥一郎が記録した新徴組

新徴組の組織と御府内巡邏

組士千葉弥一郎の回想録によれば、次のように新徴組が語られる。

私(千葉)が家督を相続した慶応二年(一八六六)は、すべて六組で一番から六番に至る一五〇人、ほかに肝煎《きもいり》取締三人、肝煎六人の合計一五九人が新徴組の陣容であった。その取扱として藩士から頭取六人(物頭《ものがしら》級にして二〇〇石以上の者)、取扱一二人(平藩士で一〇〇石以

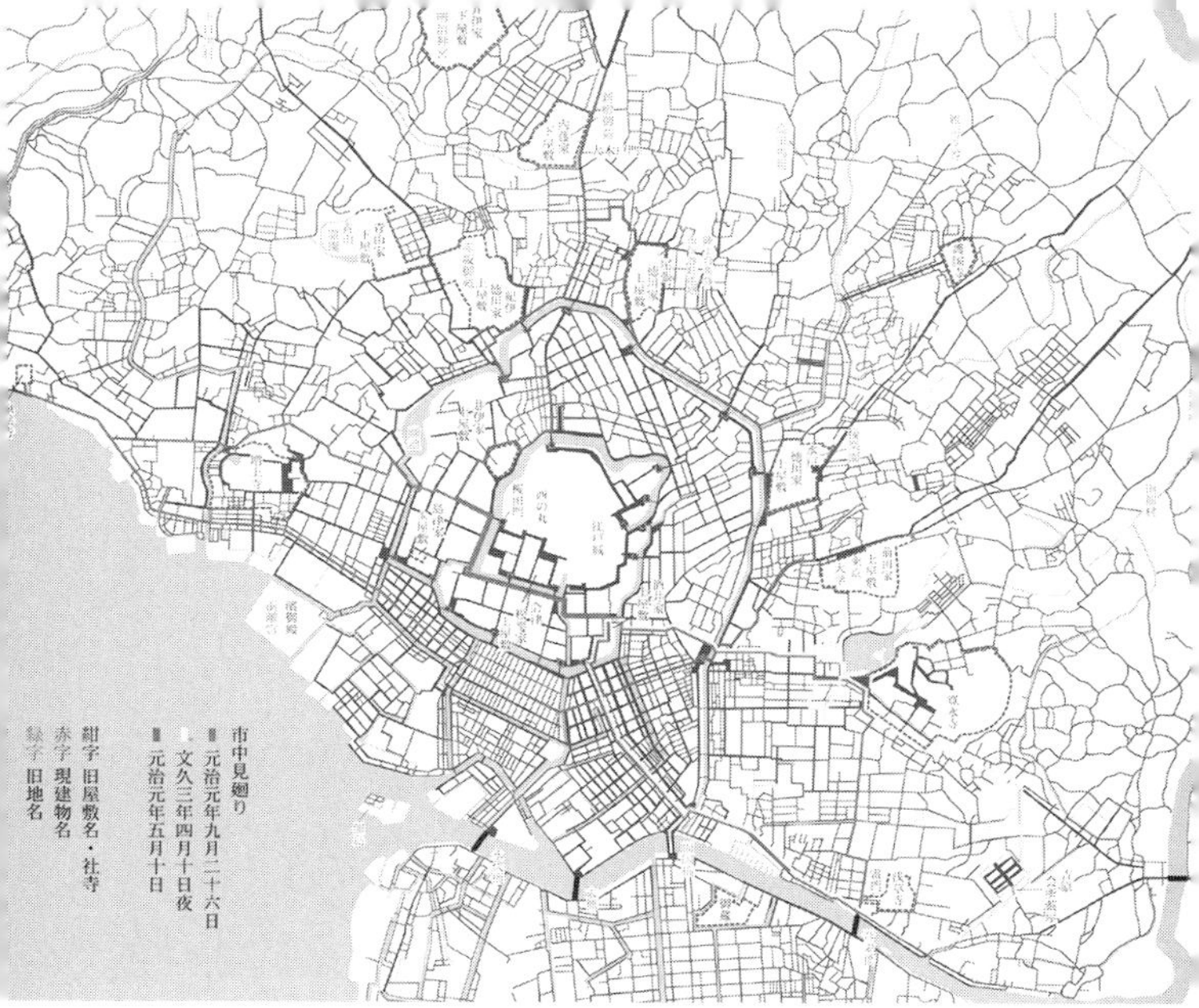

新徴組の江戸市中廻り経路図（復原　藤井和夫氏作成）
「繰兵練志録」（鶴岡市郷土資料館所蔵）を参考。

上の者）、指図役若干（徒士《かち》格の者）、勘《かん》定《じょう》方若干（足軽格の者）が一ヶ年交代の勤番で、半数ずつが黐木《もちのき》坂邸に詰めた。総轄は元国家老の松平権十郎であり、神田橋の上屋敷にあって重要な事柄を指揮していた。

　新徴組の給禄は、肝煎取締の山口三郎・山田寛司が各一〇〇石、肝煎取締役の吉田荘助が八人扶持、肝煎六人が各七人扶持、小頭が五人扶持、平組士が四人扶持、ほかに各自多少の差があったが一ヶ年に金二七両が支給された。私は亡兄が切腹したことを格別に思し召され、一二人扶持・金二六両を賜ったが、中村・羽賀の両家も同一であった。

すべて六組の新徴組は、一日に二組ずつが当番として肝煎一人に引率され、市中見廻りをした。見廻りの時刻は、まれには正午の場合もあったが、十中の九までは午後六時に出邸することを恒例としていた。当日の指定地は五ケ所、すなわち品川新橋・板橋・吉原《よしわら》・千住《せんじゅ》などで、往々甲路を経て復々乙路を経て、大略夜一二時頃に帰邸することを恒例としていた。本藩の士卒も数隊に分かれ、ほかに新整隊（大砲組）等があって一日十有余組が市中見廻りをしていた。

慶応三年（一八六七）の秋（事実としては遅くとも四月の実施が確認できる）、新徴組の壮士連をもって夜中に忍廻《しのびまわ》りを出すこととなった。庄内藩家中からも選抜されたが、新徴組からは三〇人が選抜された。一組を五人として六組に分け、一夜二組ずつが本隊の廻る場所へ前後して同伴した。忍廻りは変装も勝手次第で、時に脱刀して町人風に装うこともあった。五人は各自が呼子《よぶこ》の笛を携え、一人ずつの間隙は約一丁（一一〇メートル）くらいを程度とし、何か事ある時は呼子を吹いて集合する規定で、合言葉も決めてあった。

同年十一月、薩摩藩邸の暴徒が市中富豪の家を襲い、金品を掠奪《りゃくだつ》する事件がしばしば起こった。新徴組は神田橋の上屋敷へ非常詰を命ぜられ、毎夜二組ずつが神田橋の上屋敷内にあった武術稽古場を屯所として宿直し、非常の事件に備えた。同年十二月二十五日の薩摩藩邸焼き討ち後には廃止された。

江戸市中廻り方　江戸の「お廻り」

つぎも、組士千葉弥一郎の回想録である。

新徴組の任務は江戸の治安維持であり、不審者・狼藉者《ろうぜきもの》で手に余れば殺傷することも許された。武術に優れた剣客《けんかく》集団・新徴組はその最適任であり、組士の士気も高く、江戸の治安維持に大きく貢献した。これを讃える当時の発句《ほっく》には、「庄内藩　鶴ケ岡松（徳川家）を堅固に守るなり」があり、江戸歌謡には

庄内藩主酒井家紋章（表紋）
（庄内片喰《かたばみ》紋）

同家　替紋
（抱き沢瀉《おもだか》紋）

庄内藩主酒井家紋章と鬼瓦　酒井家の家紋は庄内方喰《かたばみ》、替紋は抱き沢瀉《おもだか》。致道博物館に移築された「御隠殿」の鬼瓦にも片喰紋が見える。

酒井左衛門様お国はど
こよ　出羽の庄内鶴ケ
岡　酒井なければお江
戸は立たぬ　御回りさ
んには泣く子も黙る

とある（『小山松』）。

他方では、「カタバミ（庄

内藩主家紋）はウワバミ（蛇）よりも恐ろしい」とか（千葉弥一郎回顧録）、「恐ろしき者といふなる新徴組」と（幸田露伴『風流仏』）詠まれ、江戸市民からは恐るべき存在であった。

廻りの活躍、猿若町酒屋強盗一件

組士千葉弥一郎の回想録からである。

慶応三年（一八六七）四月二十三日、吉原方面（現台東区）へ廻る途次に大雨となったので、私（千葉）は浅草猿若町一丁目（現台東区）の自身番屋で休憩して夜食の弁当を食べていた。その時、一丁目芝居小屋の裏通り角の酒屋の者が走って来て、「只今、強盗が抜刀して這入りましたから、御届けします」と知らせてきた。

すぐさま食器を投げ捨てて、素足《すあし》で駈け附けた。その時の組士は小頭中沢良之介（良之助）のもと、立花常一郎・大島百太郎・中村健次郎・千葉弥一郎の五人であった。折りしも暴風雨かつ暗夜で咫尺《しせき》を弁ぜず（近くも見えない）、酒屋に行ったところ店内は真っ暗であった。途端に摺れ違いざま、表《おもて》へ駈け出し逃げた者があった。が、表にいた中村健次郎が追跡して、一刀を後ろから突き、倒れたところで二の刀をあびせた。それでも逃げて行った。店には賊がいないので、五人が集合して中村の話を聞いた。

灯《あかり》（江戸方言は「あかし」と発音）を点《つ》けて中村の刀を調べたところ、切先から一尺（約三〇センチ）ばかりが下に折れ、人を切った疵《きず》があった。切先には血糊がたっぷり付着していた。その刀は「和州物」（大和国産）で立派なものであったが、その疵については不審のままであった。誰もことの真相を説明できなかった。しかし、突いたことは疑いなかった。重傷に相違なく、遠くへ逃られるはずもない。とにかく一旦、自身番屋へ引き揚げて近傍を探してみることとした。

十一時頃でもあったろうか、自身番屋へは町役人も集り、それぞれ手配していたところ、再び届け出た者があった。「只今、私の店先で唸《うな》っている者がありますす」とのことで、すぐ駈け付けて見ると、酒屋から一丁（一一メートル）ばかり隔てた横丁で人が倒れていた。それから戸板で自身番屋に運搬して見たところ、大坊主であって、背中に長さ一尺（三〇センチ）ばかりもある大鉈《おおなた》を背負っていて刀疵があった。背中に突疵もあった。

これで初めて中村があびせた二の刀は鉈を切り付けて、それで刀が折れたことが判明した。坊主は腰に一刀を帯び、関《せき》の「業物《わざもの》」（名刀）と見受けられた。何者かを尋ねても返事をしない。ただ「水を呉れえ、呉れえ」と言うばかりで、何を聞いても答えない。二時間ばかりで絶命した。翌日五人の者へ左の辞令が下った。

昨夜猿若町にて強盗の注進これあるみぎり、早速駈け付け暗夜の働きいささかも不都合これなし。格別に思し召され、別紙目録の通り御賞与を下され賜った。
一扇子　一封〈御紋付料〉　金三〇〇疋（金三分）ずつ

中村健次郎は一人扶持を加増され、ほかに刀剣料（刀購入費）として金五〇両を賜った（事実としては年賦拝借金三〇両）。

巷説によれば、強盗が這入った時「騒ぐと殺すぞ、逃げても表に二、三人いるから駄目だぞ」と恐喝したという。しかし、自身番屋に新徴組の「廻り」がいるとは夢にも思わない。新徴組がどかどかと表から這入ったため、仲間が這入ったと勘違いして灯を消したとのことであった。酒屋の店内が暗かった理由が判明して、一同は大笑いした。

過ちの功名《こうみょう》ではあったが、三座のある猿若町のことでもあり大評判となり、酒井様の御廻りの敏活さには、実に驚き入ると評判が評判を呼んで、すこぶる好評を博したことがあった。

幕府歩兵組との事件

組士千葉弥一郎の回想録からである。

慶応三年（一八六七）七月頃、幕府で募集した歩兵隊（幕府領百姓を徴兵）が九段坂上（靖国神社の所在地）に一ケ所、西丸下に一ケ所駐屯していた。規律がひじょうに緩やかで、歩兵たちは毎日市中を徘徊し、無銭飲食はもちろん、暴状に極りがなく、市民は蛇蝎《だかつ》視して安寧《あんねい》秩序を紊《みだ》していた。

同年十月頃、新徴組の三番隊が見廻り先において暴状の告訴を受け、これを取り鎮めようとしたが、暴行を働いたため捕縛・糺明に手を変えた。しかし、暴行者の四、五人は逃走し、追撃すると神田小川町（土屋邸）歩兵奉行の屋敷へ潜匿《せんとく》した。そこで、新徴組の三番組の人数が追撃し、玄関に登って応接に及んだところ、屋敷では暴行者の引き渡しを拒み、あまつさえ歩兵奉行の玄関へ土足で登ったことで激論が数時間に及んだ。

神田橋の庄内藩上屋敷が近かったので、すぐさま顛末《てんまつ》を国《くに》家《が》老《ろう》松平権十郎へ報じた。権十郎はすぐに江戸城本丸へ登城し、閣老に面謁し、非常の場合に処すべき手段を心得のため伺い出た。それに対して、閣老はその行為は「苦しからず」と確答したので、三番隊へその旨を令した。応接の結果、互いに閣老へ具状し、何分の指令を仰ぐべきとの約束をして引き分かれた。

最後の新徴組士千葉弥一郎肖像　昭和8年（1933）撮影、当時88歳（子孫提供）

その後の伝聞によれば、当時権十郎は閣老

へ面謁し、御本丸において非常のできごとがあった場合、前後を顧ることなく、突然に御玄関に出入することを許され、平素の格式等は問題にされなかった。権十郎はさらに、「庄内藩の士卒が突入してもよろしいか」と奇問を発したが、閣老の答えは「非常の場合は格別であり差し支えない」との返事であったという。

当時の無稽《むけい》の言であるが、「朱塗《しゆぬり》玄関何のその」という言葉が流行していた。酒井家の市中取締の権威はすこぶる熾《さか》んなりと想像された。市中を横行する無頼《ぶらい》の族《やから》は「カタバミはウワバミより恐れる」と言ったと、そんな笑い話が流行した。

旧幕府の制度として、御使番役は出火の場所八町以内において妨害となるものは「切捨《きりすて》御免」と称して、一般は御使番の威光を恐怖していたが、神田明神前の永島直之丞のできごと(一二二〜一二七頁)以来、酒井家の見巡り人数に対しては御使番といえども恐怖し、かえって道を避けるようになったという。

板橋関門守衛の西端藩からの難題

やはり組士千葉弥一郎の回想録からである。

慶応三年(一八六七)に入ってから世の中はとかく穏かではなくなった。江戸御府内四方面の入口に取締のため関門が設けられたが、板橋町(現板橋区)の関門守衛にあたっていたのは、牛込神楽坂上（現新宿区）の「赤門」、本多内蔵允（忠鵬、通称内蔵允は錯誤。同家の通称は修理・左京）と称した九千石ばかりの「旗本」であった。その本多家はあたかも大名に異ならなかった（史実は元治元年大名となり、三河国西端《にしはた》藩主）。家中の士分も数十人いて、当時板橋町では大砲二門、小銃隊卒一小隊を配備していた。

十月末、新徴組の忍《しのび》廻り一組五人の者が板橋町に入るあたりで、先頭の片山喜間太へ突きあたってきた酔漢《すいかん》があった。一応詰問しようとしたが、すぐに抜刀して上段に構えたので、片山は左手で相手の肱《ひじ》を押さえ、右手で抜刀しようとした。その折柄、今一人の酔漢が片山の右手へ取り付き、いかんともなすことができなくなった。やむを得ず両手を一度に外したところ、抜刀して上段に構えた者が「得たり」と打ち降ろしたため、片山の右手を押えた同僚を切り伏せてしまった。闇夜のできごとでもあり、敵も味方も判明せず、両人ともに逃げ出し、重傷を負った者は近所の銭湯へ駈け込み、急を関門に知らせた。

片山は相手が逃亡したため、悠々と酒井家の休憩所に赴き、五人で相会してことの顛末を談話中であった。すると、休憩所の周囲が本多家兵卒によって取り囲まれ、正面の入口には大砲を据え付け、小銃隊は列をなして、もっとも厳重な包囲を受けた。先方から「応接」（談判）に来る者があって、事の顛末を取り調べたところ、本多家の一人に重傷を負った者があったが、酒井家ではだれも抜刀する者がなく、切り付けた者もなかった。先方一人の刀身に流血があり、当方に一人の怪我人《けが》もなかったため、まったく同士打ちであることが判明した。したがって、応接にあたった本多家の士は周章狼狽《しゅうしょうろうばい》し、終に陳謝することとなった。これに対して新徴組は、「当方においては個人的できごととして内済することなどできない、いやしくも酒井家の紋章を掲げてある休憩所を囲まれたからには、酒井家の名誉に関する重大事件であり、重役の指揮を待つほかない」と返答した。このように断然と内密の沙汰を拒絶したため、本多家から再三再四陳謝してきたが、終に閣老（老中）の裁可を受けることとなった。のち本多家は主人が隠居・減封の処分をもって解決したらしいという（これは事実誤認）。

これには付言がある。当夜、忍廻りの者から板橋町において重囲いに陥ったとの報知があり、新徴組屋敷では救援に赴こうと板橋町まで走った組士があった。これは当夜、休憩所の老婆《ろうば》が座敷内の灯を消し、庭前四方の板塀に掛蝋燭を点じ、あり合せの銅銭を手拭《てぬぐい》に包んで各自の鉢巻とし、雪隠《せっちん》（便所）の掃除口から召使を出し、上屋敷と新徴組屋敷のある飯田町へ注進する機転をきかせたからであった。老婆の雄々しき働きと奇策に一同は感服したとする。

十一月十四日夜八つ時（翌日午前二時）頃のことであった。金吹町（現中央区）為替両替店の「播新」（播磨屋新右衛門）こと中井新右衛門へ、市中廻り体の賊侍三〇人余が割羽織・襠高袴《まちたかばかま》着で、紋所が梅鉢の手丸提灯《ちょうちん》を携えていた。そのうち二人が灯を貸してほしいと自身番屋へあがり、用立てていた。酒井侯の御廻りのごとく立派な侍であり、いずれも法被《はっぴ》を着た中間体の供三、四人を召し連れていた。二人ともに短筒《たんづつ》を持っているとのことで、「これより播磨屋へ金をとりに行くので案内せよ。声を立てると撃ち殺すぞ」と申して案内させた。

播磨屋へ着くと笛を吹き、左右から合図の鉄砲を五、六発放った。それから太鼓を打ち、それを合図にカケヤや斧で表戸を打ちこわし、すぐに中へ入ると翌日上納予定の二分判一万五千両が積んであったので、それを夜具風呂敷で包み持ち去った。播磨屋では新徴組に頼んで一、二人 づつ詰番してもらっていたが、あいにくその夜は六人に用事があって六人が残っていた。そこへ賊が侵入したので、三井へ詰めていた者たちへも知らせて早速戦ったが、賊は手分けして金を奪って逃げ去ったとのこと。本両替では中井詰めと三井詰めの新徴組が賊と屋敷奥で戦ったが、うろたえた賊が途中の道々で金を落とした分を拾ったところ、手桶に一杯あったという（『藤岡屋』一五・三二一頁）。

表二番町旗本徳永帯刀屋敷の白昼強盗一件

組士千葉弥一郎の回想録からである。

慶応三年（一八六七）十一月二十三日のことであった。表二番町（現千代田区）の徳永帯刀《たてわき》という一〇〇〇石ほどの旗本宅へ、白昼多人数の強盗が押し入り、主人をはじめ家内の者を縛って土蔵のなかへ押し込め、一家を掠奪《りゃくだつ》して起居していることを町奉行所が探知した。しかし、（武家地であり）手が付けられないとのことで、酒井家へ召し捕え方を依頼してきた。それで三番隊のうち一組が召し捕えに向かった。

すると強盗の首魁《しゅかい》の伜で、「小天狗」という綽名《あだな》のある一九歳の若者が、たちまち抜刀して切り掛ってきた。どうにか生け捕りにしたいと、山田貢が抜刀を正眼に構えて一歩一歩追い詰めたが、持っていた刀は二尺（六〇センチ）余で室内の切り合いには不便のため、危険を感じて止むなく斬殺した。そのほか召し捕った七人は町奉行へ引き渡した。貢はその功によって一人扶持を加増された。新徴組の組士に対する加増は一人扶持が慣例であり、のちの庄内戦争当時も敵を討ち取った組士は、やはり一人扶持の加増を受けた。

十一月二十三日の庄内御届によれば、町奉行駒井相模守（信興）方からの依頼で、捕え方として新徴組は裏二番町（現千代田区）奥詰銃隊の徳永帯刀屋敷へ差し向けられた。新徴組は朝四つ時（午前一〇時）頃、四人を召し捕え町奉行へ引き渡した。荒川鉄太郎、伜の房之助（一六歳）、妾のふじ、無宿という伊助であった。鉄太郎は（徳川）亀之助殿小十人の渡辺鉄蔵組見習岩次郎の養子で、隠居の身で出奔した坊主であり、房之助（一六歳）は抜刀して手向かったので疵を負った。

徳永帯刀は徳永石見守の分家であったが、当年の春以来屋敷内に異変があり、またそれが再発したとの風聞であった。この日朝、帯刀の叔父という者が四、五人の徒《かち》を召し連れ、当主と妾の首をくれてやると白刃をもって威していた。そこへ次第に徒が参集して一〇人ほどになったところで、あらかじめ手を回して町奉行など各所へ応援依頼したのであろうか。酒井侯の御廻り四、五〇人余は麹町二丁目（現新宿区）の名主矢部与兵衛方で各自が着込みなどで身を固めて支度をしていた。一同は麹町四丁目の横丁を通り、一手は三丁目谷通りから二手に分かれ、裏二番町・麹町・谷町坂上の元興津鍵之助屋敷角から二軒目の徳永帯刀の屋敷へ向かった。

新徴組はなにか浪人が多数潜伏しているとのことでその召し捕えのために詰めていたが、この辺の見物人はおびただしく、番町の各木戸を締め切りとした。新徴組は帯刀屋敷の前で二手が合流し、手鎗《てやり》は鞘《さや》を外して押し込み、門外には二人の見張りをおいた。すると、屋敷から小人《こびと》体（中間であろう）の者が出てきて尋ねたところ、「もはや一人は酒井手に切り殺され、一人は薄手を負って召し捕え、一人はいずこかへ逃げ去った」とのこと。今は畳をあげて、床下《ゆかした》まで捜索中とのことであった。三方は隣家であり、囲いを破ったのかという。酒井の廻り方が、「小人ども、見物いたすなかに気性の者あれば、この死骸を背負ってくれ」と申すと、早々に同所を逃げ出したそうな（『藤岡屋』一五・三二〇頁）。

なお、旗本徳永帯刀の先祖は四代将軍家綱に分家旗本として取り立てられた両御番（小性組番士・書院番士）をつとめる家柄であった。知行所は近江国伊香・浅井両郡（現滋賀県）において六〇〇石（『新訂寛政重修緒家譜』第一七、一九六五年続群書類従完成会発行）、および下野国都賀郡（現栃木県）のうち平柳村四一三石余、大杉新田八石余、野田村一五六石余の小計五七八石余（木村礎校訂『旧高旧領取調帳』関東編、一九六九年近藤出版社発行）と見え、合計一一〇〇石であった。

旧幕府歩兵の吉原遊郭乱入事件

またも、組士千葉弥一郎の回想録からである。

慶応三年（一八六七）十二月のことであった。新徴組五・六番組の五〇人が、頭取の田辺儀兵衛、取扱の赤沢源弥、肝煎の中川一によって引率され、神田橋本邸の非常詰にあたっていた。その前日、吉原衣紋坂（現台東区）において西丸下歩兵隊の兵卒三人が、芸妓をめぐって打ち殺されて歩兵隊の怒りをかった。夜半になって宿直士官の制止を聞かず、和田倉門を破り二大隊が喊声《かんせい》を揚げて吉原へ向けて操り出した。

庄内藩上屋敷に近く喊声が耳朶《じだ》に達したので、血気の壮士は速やかに出張しようと絶叫《ぜっきょう》した。しかし、隊長の田辺儀兵衛は動かなかった。「二大隊の歩兵を鎮圧するのに五〇人をもって何をかなさん」とて、布団を冠って就寝してしまった。一方、血気の壮士は臆病武士と罵倒したが、儀兵衛は泰然として動じなかった。

田辺儀兵衛肖像
（鶴岡市郷土資料館所蔵）

そのうち吉原から注進があった。儀兵衛は勃然と起きて「進め」と令した。時に夜のふけ、現今（昭和初期）の電車通りを走り龍泉寺町に至ると、歩兵二大隊の引き揚げ来たるのに会った。これを食い止めようと気早の族三、四人がすでに抜刀していた。応接のため進み出た赤沢・中川の二人が、その隊長を止めようとした。

歩兵隊長は指揮鞭を振って「大隊止まれ」と令して、当方に振り向いて「剣戟《けんげき》を納めよ」と叱咤《しった》した。その威厳は冒すことができないもので、大隊長は林昌之助（忠崇、請西《じょうざい》藩主）と名乗った。夜中行軍の理由を質問したところ、その故を答えなかった。

「今晩の出来事は明朝に閣老へ具陳したい。あえてその理由をここで答える必要はない。無事に通過させてくれることを希望する」と言ったところで、空砲が発っせられた。その理由を問うと、「後ろの部隊であり、自分は知らない」と答え、再び令を下して通過した。後ろの部隊を遮って、前のように質問を発すると、「大隊長の菅八十郎なり」と名乗ったのですこぶる狼狽《ろうばい》したが、隊に対しては令を下さなかった。歩兵が足踏みのままの現状を見るに忍びず、ひたすら陳謝するのみであった。空砲を発したのは、未熟練の歩卒であったという。

「これもまた、閣老へ具陳する」という一語をもって無事通過を許した。

それよりわが一隊が遊郭吉原へ繰り込んだが、廓内の各楼の諸々が破壊され、乱暴・狼藉の惨状が極っていた。町内で老若男女、芸妓娼の泣き叫んで救いを求めるさまは、実に修羅《しゅら》場《ば》であった。天明（夜明け）を待って鎮静させたのち、本隊は神田橋の上屋敷へ引き揚げた。

前線の大隊長林昌之助が、戊辰戦争において箱根の嶮で旧幕府軍を率いて「官軍」（新政府軍）に抗して勇戦した事実は、『続日本外史』に明記してある。私（千葉）は当時六番組にあり。彼我《ひが》応接振りを側にあって見聞きしたので、『続日本外史』を閲して今昔《こんじゃく》の感にたえない。

私は田辺儀兵衛の知遇を受けて師事したが、後日に当夜の事柄について本人に質問したことがある。これに対して、儀兵衛は「千余人に対し五〇人をもっては何をかなさんと言ったのは、無謀の策と考えたからである。注進を受けて令を下したのは、大義名分《たいぎめいぶん》によって決心したものである。いやしくも市中取締をもって任じたる酒井家が注進を受けた以上は、たとえ五〇人が枕を並べて死んでも、君公の御名を辱めしめないゆえんである」と。私は儀兵衛の話を聞き、深く儀兵衛の思慮と決心に感服した。儀兵衛の言行に関する逸事は二、三あるが、私は田辺儀兵衛は庄内藩士中でまれに見る秀才・高潔の人として敬慕する。

第四章　戊辰戦争と戦後の組士たち

第一節　戊辰戦争へ

庄内藩から見た薩摩藩邸焼き討ち事件

慶応三年（一八六七）十二月以降、討幕派の薩摩藩指導者西郷隆盛は、同藩邸を拠点とする益満《ますみつ》休之助らに浪士を率いさせ、江戸市中の擾乱《じょうらん》を実行させていた。王政復古の大号令後は、討幕派は武力討幕のきっかけをつくるため、薩摩藩邸を拠点とする相楽総三《さがらそうぞう》らに浪士隊を率いさせ、江戸市中の撹乱を計画・実行するなど、幕府を激しく挑発した。

それに対して十二月二十五日、幕府は庄内藩などに命じて、薩摩藩邸とその支藩の佐土原《さどわら》藩邸を焼き討ちにさせた。この事件には庄内藩の新徴組も出動し、その中心となってはなばなしく活躍した。この事件が薩長両藩の武力討幕の口実となり、翌年正月の鳥羽・伏見の戦

錦絵「薩摩藩邸焼き討ち図」（鶴岡市郷土資料館所蔵）

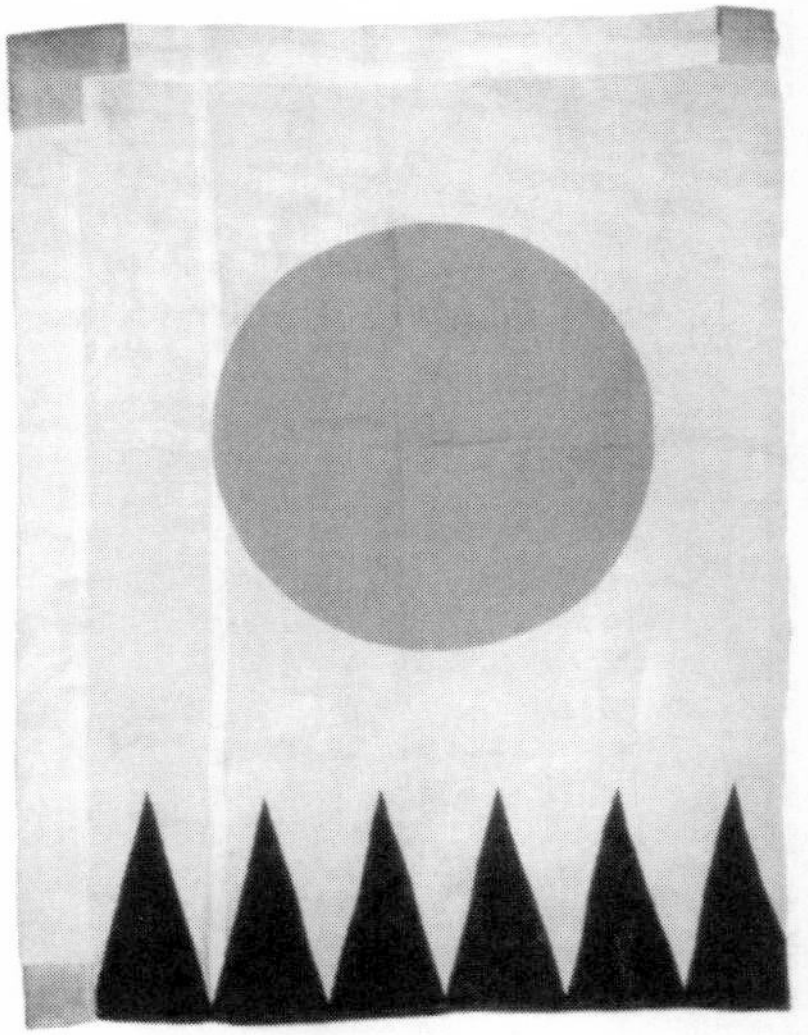

新徴組組旗（ふじさんミュージアム提供）
庄内藩の旗印「朱の丸」に、新選組のだんだら模様があしらわれているのが興味深い。

のひきがねとなった。

庄内藩の組頭・小姓頭よりの申達写によれば、その知らせは翌年正月二日江戸から早追《はやおい》の公用飛脚によって庄内へもたらされた。翌三日の御触写によれば、事件は次のように説明された。

昨年（慶応三）十二月二十五日夜から、幕府の命令により（庄内藩の）一の手・二の手の御人数（軍勢）が一同で、（江戸城）西丸下《にしのまるした》の御預屋敷へ詰めた。いろいろと協議になり、目付の木下大内記《だいないき》の沙汰により、会津藩の甘利源次は薩摩藩邸の案内に通じている人物なので、その教導を得るため召し連れることとなった。同人を同道し、徒目付《かち》の川村恵十郎など一、二人が参加し、屋敷図などを取り調べて手配・計画の上、黎明《れいめい》（夜明け）に御屋敷より繰り出した〈外《そと》桜田で挑灯《ちょうちん》を消した〉。三田の有馬（久留米藩）の御屋敷前から赤羽橋辺り（現港区）まで、いったん御人数をまとめて待機させた。

（庄内藩）前軍使役《つかいやく》の安倍藤蔵・吉川清兵衛、ほかに御組付の侍のうち石原数右衛門の三人が、薩摩屋敷へ「応接」（談判）のため差し遣わされた。口上は「近頃、押込《おしこみ》や金策などの浮浪の徒が多人数、当（薩摩）屋敷へ入り込んでいる。また、一昨夜には三田同朋《どうほう》町の庄内藩市中取締屯所へ発砲した賊徒も入れたとのことである。今度野州出流山《いずるさん》（現栃木県出流町）で召し捕えた竹内の供述にもあり、たしかに当屋敷へ入っているとのことであるから、早々にその者どもを渡されたい。幕命によって、当家ほか諸家の人数が参ったはずである」として掛け合った。

（薩摩屋敷の者は）「天下の形勢は容易ならず、主家の深きお考えにより浪士どもを集め置いてはいるが、そのような悪業をする者はいない」と返答したので、しばらく沈黙が続いた。（三名は）さらに手強く掛け合い、「もし遅々いたせば申し開きができないので、人数（軍勢）を差し向ける」と詰問《きつもん》したところへ、さらに差し立ての役人〈篠崎彦十郎・関太郎〉が出てきて、「悪・浮浪者など当屋敷には入っていない。本藩では（旧幕府へ）御敵対の意志はさらさらない」などと事をはぐらかし、つじつまの合わない申し分もあり、果てしない水掛け論となった。

遅々させては、敵方の用意が整ってしまうのは顕然であり、このまま対陣したままでは仕方がないので、「直々《じき》に打ち入ろう」と申したところ、先方も狼狽《ろうばい》の体《てい》となった。

この時を外すまいと、三田北西角の倉門の手前で大砲を一発撃ち、引き続き大・小砲の焼《やけ》玉《だま》を撃ち込んだ。それを合図として、次第に屋敷を取り巻いていた諸手が繰り込み、砲戦・殺傷中に、三田角の辻番へ火をかけ、屋敷内の物見へ焼玉を撃ち込み焼け上がった。（旧幕府側にとっては）幸いにも、北西風のため表門通りの長屋へ次第に延焼に及んだ。松山様（庄内藩支藩）の御人数が繰り込み、御家（庄内藩）の御物頭も同様に繰り込んだ。屋敷内の建物へも次第に火が移った。

南裏門通の一の手の御物頭四組も派遣され、松平亀丸様（鳥取新田藩）の屋敷を借りて陣取った。それより屋敷内へ繰り入ったが、おしなべて搦手《からめて》が御手薄であった。間部《まなべ》侯（鯖江《さばえ》藩）の援兵が前方から赤羽根へ控えていたので、使番《つかい》をもって搦手へ廻られるよう申し達した。

そのうち薩摩藩の末家島津淡路守《あわじのかみ》殿（佐土原藩）の屋敷内へ新徴組を派遣したところ、手を下すまでもなく残っていた人数を召し捕えた。（召し捕え人の）護衛の士のほかは、残らず搦手へ廻り、ほかに砲手不足につき、中堅からお中間隊《ちゅうげん》〈中村伊兵衛・片岡半兵衛〉二組も廻した。砲戦中、浮浪たちが一斉に隊伍をつくり、御家の搦手の砲車へ発砲したため、世古仲蔵は二弾に撃ち抜かれ討死、砲手一、二人が手負《ておい》・薄手となった。

その後、浪士たちは、南西隅の阿波《あわ》屋敷の方、松平伊豆守様（吉田藩）・松平中務太輔《なかつかさだいゆう》様〈上の山藩〉の人数が固めていたところが手薄と見えたのであろうか、無二無慙に切り抜けようとする者が見えた。両家は必至に支え、脇からは御家の手が発砲した。両家の無勢《ぶぜい》を見込んだ（浪士は）四、五〇人、甘利の見込では一五〇人くらいという。しかし、このうちに降伏人もあろうが、切り抜けて品川の方へ逃げ去った（者もいた）。それより屋敷内へ御家の御人数を整えて繰り込み、藪中・木陰《こかげ》、建物内外を探したが、もはや敵はなく、梁《はり》も残らず焼き払った。

最前から討ち取った死骸は、御徒目付へ員数を改めさせ、町役人へ預けさせた（公辺の御下知通りに致した）。紀太平五郎・平林祐吉の手へ降伏したのは四二人、淡路守殿の屋敷で新徴組が捕えた二〇人余は、援兵の鳥井丹波守《たんばのかみ》様（壬生《みぶ》藩）の御人数へ託したが、どこかへ御預けになったであろう。松山様の手に降伏した一五人は、御同家の人数をもってすぐに指し送られた。同家で討ち取った三人、うち一人の首級があった。御家で討ち取ったしかるべき首は二級〈大砲組の討ち取り〉であった。ほか諸手の分は、いまだ申し出がなく調べ中であった。こうして七つ時（午後四時）頃に鯨波《げいは》一声（大勢の人が一斉に声をあげること）、天地を動かし、諸家へも吹聴《ふいちょう》した上、整然・堂々の行列を組み、めでたく西丸下へ凱旋《がいせん》したとしている（「新徴組御用私記」）。

江戸から庄内への退去

鳥羽・伏見戦争における旧幕府軍の敗北をもって、庄内藩は江戸からの退去を決定した。それに伴い庄内入りする新徴組は、江戸でその名を轟かせた全国区としての輝かしい歴史はいったん幕を閉じる。

庄内における新徴組にとっては、そのはじめこそ庄内戊辰戦争での活躍があったが、それ以降は差別と貧困と粛正の嵐にさいなまれる。庄内藩も新徴組を抱え込んだため、新政府下にあってさまざまな矛盾に直面することとなる。その後については、急ぎ足で進めたい。庄内藩に埋没してしまい、新徴組に特化した史料が得られにくいのである。

慶応四年（一八六八）正月頃、旧幕府軍の敗北という現実を知った甲州出身の早川（暮地）文太郎らは新徴組を脱退し、やがて尾張藩に付属する帰順正気隊へ合流して、新政府軍の側にあって東北戦争を戦い抜いた。これに反して、同じ甲州出身の分部宗右衛門らはこれ以降も組士をつづけた。

二月十五日に新徴組は庄内勝手方を命ぜられ、二十六日から江戸の組屋敷を引き払って、順次庄内へ赴くこととなる。当時の新徴組の規模は組士一三六人、家族三一一人であった。

三月十四日、新徴組一行は鶴ケ岡《つるがおか》（現山形県鶴岡市）に到着し、十五日からは湯田川《ゆたがわ》温泉（同市）に仮住まいを始めた。庄内藩では、宿屋と民家三七軒に分宿させ、組役所を置いて新徴組を監督した（「新徴組勤書日記」）。

湯田川での生活は、明治三年（一八七〇）に組屋敷へ移住するまで二年半つづいた。

新徴組肩章　慶応４年（1868）
（鶴岡市郷土資料館所蔵）　戊辰戦争の際につけたとする。
「朱の丸」は庄内藩の旗印。

湯田川の新徴組本陣
「隼人」屋敷跡（鶴岡市湯田川）

四月十九日、湯田川客舎で止宿《ししゅく》する新徴組へ、隼人《はやと》宅仮御役所において庄内藩から出陣要請の御達があった。

庄内戦争と新徴組

戊辰戦争が庄内に波及すると、四月二十一日新徴組一二一人は庄内藩軍に編成され、新徴組の三・四・五・六番隊が川北へ出陣した。二十四日暁、清川村（現山形県庄内町）へにわかに敵が押し入ってきて戦端が開かれ、新徴組一・二番が昼九つ（正午）頃より湯田川から出陣した。閏四月十二日、立谷沢へ出陣中の新徴組に、殿様・大殿様から「長《なが》の出陣、一同大儀《たいぎ》」の御意を下し置かれ、御使役は山内源助であった。同月十九日立谷沢へ出陣中に、さらに殿様から「長の在陣、ことごとく大儀」と思し召され、一同へ鯨（鯨肉）を下された。

同月二十七日、最上《もがみ》新庄藩領臂折《ひじおり》（肘折）村（現同県最上郡大蔵村）に敵が侵攻したため、同地へ転陣を命ぜられた。二十八日、新徴組は立谷沢から木野沢（？）をつなぐ山の極難の間道を越えた。

二十九日、雨天のなか肘折の一里（約四キロ）手前の深江（深沢？）において、新庄藩の人数が出張・潜伏していたため、庄内藩の人数と新徴組一・二番隊四〇人が肘折を目指し、午後の大雨にもかかわらず、分部宗右衛門を先頭にして進軍した。その時、不意に鉄砲を撃ち

新徴組の墓地（鶴岡市湯田川）

かけられ、八つ（午後二時）過ぎまで撃ち合った。新庄藩の人数が逃げ去ったので、新徴組は夜に入って肘折村へ繰り込んだ。

五月五日は雨天のなか、庄内藩御人数が引き揚げとなり、湯田川客舎へ帰った。六日には殿様から新徴組一・二頬《がわ》へ「今度の出張大儀」の思し召しが伝達された。八日には、組士の分部が出張中の間道穿鑿などに骨折精勤につき金三〇〇疋（三分）を下された。

また、五月八日に新徴組一同に銃隊が命ぜられたが、銃隊はすべて英国式を採用し、その熟練方が命ぜられた。二十九日には新徴組一同は四番松平権十郎隊へ付属させられた。

分部宗右衛門、代官に抜擢

七月六日、新徴組肝煎の分部宗右衛門は御家中組に編入され（正規藩士に登用）、当分の間村山郡代官を命ぜられた。分部は十二日に鶴ケ岡を出立し、同日田麦俣（現鶴岡市）に泊まり、十三日月山《がっさん》六十里を越えて本道寺へ泊まった。十四日寒河江《さがえ》（現寒河江市）に到着し、十六日から役所へ出勤した。

ところが、九月二十日新政府軍が押し寄せたため、寒河江の御代官陣屋を引き揚げ、白岩川を隔てて「官軍」（新政府軍）と撃ち合い、午後に双方が別れて引き揚げ、志津（現西川町）に泊まった。彼らは二十一日田麦俣に泊まり、二十二日月山六十里を越えて鶴ケ岡へ帰陣し、武蔵屋に泊まった。湯田川客舎へ帰着したのは二十三日のことであった。

庄内藩の降伏

慶応四年（一八六八）五月二十九日、新徴組は四番隊松平権十郎隊へ付属させられた。この後、新徴組は越後口など各地で転戦し続けたが、九月二十七日庄内藩は一度も敗戦を経験せず、新政府軍に降伏した。その間、新徴組士五人が戦死・戦病死をとげた。

西郷隆盛の「温情」ある差図によって、新政府軍（指揮官黒田清隆）は庄内藩に威圧的に接することなく、礼節を尽くして対応したという。これが明治三年（一八七〇）に、庄内藩が前藩主忠篤《ただずみ》とともに大勢の藩士を鹿児島へ留学させるなど、両藩の友好関係として大きく発展し、庄内では現在でも西郷人気が高い。

第二節　組士たちの転身

松ケ岡開墾事業への従事・脱走・離脱

庄内藩は明治三年（一八七〇）大泉藩と改称し、大宝寺村（のち新徴町）に建設された新徴組屋敷は、一戸あたり宅地一二〇坪・畑地三〇坪の土地に、二一坪の石屋根の平屋であった。これは三一坪の足軽屋敷より劣るものであった。

新徴屋敷　明治３年（1870）　鶴岡市羽黒町　庄内藩が鶴ケ岡城下大宝寺に建設した137棟のうち30棟が明治８年松ケ岡組小屋として移築され、そのうち１棟が移築・現存。復原された。石置屋根、平屋建。

新徴組組旗（明治初期　松ケ岡開墾場所蔵）　松ケ岡開墾事業の際に使用されたという。

同四年の廃藩置県後、下級武士の生活はとりわけ苦しく、元組士たちは帰農して、翌年から開始された松ケ岡（現鶴岡市）などの開墾事業に従事して転身を模索した。すべて他国出身者としての生活は苦しく、脱走・離脱行動も相次ぎ、すさまじい内訌《ないこう》・粛正《しゅくせい》が展開された。命からがら脱出に成功した者に、武州日野宿出身の馬場兵助《ひょうすけ》（のち市右衛門）とその家族があった。

平組士たちの実像

史料からその後の消息をつかめることができる新徴組士は、それほど多くはない（伝承のみの分は除く）。まず紹介するのは旗本斬り切腹事件の当事者であった千葉雄太郎の弟、兄に替わって新徴組の組士となった弥一郎である。

千葉弥一郎――小説家からも重宝された幕末史の語り部

弥一郎は嘉永元年（一八四八）に生まれ、昭和十年（一九三五）四月二十八日まで存命した。号は鶴鳴《かくめい》。新徴組士として江戸での巡邏《じゅんら》を経て庄内入りし、戊辰戦争にも従軍した。同僚に沖田総司の義兄弟沖田芳次郎がいた。明治三年（一八七〇）秋田藩主佐竹義堯《よしたか》の推薦で鹿児島藩に留学し、同四年廃藩を迎えた。

同五年松ケ岡開墾に参加したが、同七年新徴組の粛正事件にかかわったため、禁固九〇日の刑となる。

のち山形県警部を経て実業界に転身したという。晩年は東京に居住したが、「幕末史の語り部」と称され、小説家から幕末史の貴重な取材源として重宝され、また荘内史料編纂会の口述筆記や著作にも協力した。著作に「新徴組と新撰組」などがある。享年八八歳。

なお、藩主家の菩提寺であった増上寺塔頭清涼寺に埋葬された兄雄太郎と旗本斬りに関係した二人の組士の墓は、昭和六年（一八三一）弥一郎によってすべて多摩墓地に改装され、みずからもそこへ眠る。ただし、最近になってこれら古い墓群はすべて撤去され、現在は往時の墓碑を見ることができない。

石坂周造――「石油王」となった組士

新徴組のなかには、実業界で成功をおさめ、「石油王」と称された後半生を送る者もあった。石坂周造である。彼は、文久三年（一八六三）清河八郎暗殺後、捕われて大名預となっていたが、慶応四年（一八六八）山岡鉄太郎の斡旋で釈放となり、一時新政府に協力し、脱走した旧幕府兵の説得や暴徒の鎮圧などにあたった。しかし、弾正台《だんじょうだい》から糾弾をうけて、さらに約一年半投獄された。

明治三年（一八七〇）実業への転身を決意し、はじめ捕鯨事業を計画したが、同四年宣教師タムソンに勧められ石油開発に転身、長野石炭油会社を設立した。同五年静岡県榛原《はいばら》郡相良《さがら》の油田開発にも乗りだし、長野・新潟両県に鉱区を手当てした。同六年アメリカから綱掘り機を輸入して長野で、同七年新潟県尼瀬でそれぞれ試掘したが、いずれも失敗するなど事業に行き詰まり、同十一年社長を辞任した。

同十二年静岡県相良に移住し、第二削井組を創立、同十四年相良石油を設立して第二削井組を吸収合併、さらに相良の油業権を獲得し、本格的な事業に乗り出し一定の成功をおさめた。同二十五年相良石油の経営を他の株主に委任し、再び新潟県西山油田に進出し、のち尼瀬の試掘を行ったが失敗した。同三十一年西山鎌田地区の試掘を開始し、同三十二年鎌田三号井から噴油して成功をおさめた。

同三十三年鎌田地区を売却し、石油業界を引退した。同三十六年東京下谷区西黒門町の自邸で没、享年七二歳。

馬場兵助――郷里に家族で帰農して原野を開墾

馬場兵助は明治初年に市右衛門と改称し、鶴岡城下の東屋敷に居住していたが、記録の上では明治七年（一八七四）七月に貫属（本籍）替えを願い、神奈川県貫属士族として、日野宿の馬場市兵衛方に同居した。当時の家族は、市右衛門（三三歳）・妻つる（三〇歳）・長女ます（七歳）・次女いよ（五歳）・長男誠太郎（三歳）・次男勘蔵（一歳）の七人であった。同年中には家禄高二二両・五人扶持を奉還し、還禄資金額三五四円余を支給された。

同年十二月には生活の目途を得たいとして、神奈川県に程久保村（現日野市）の官林五町七反余・代価一七八円余の払い下げを願っていることが知られるが、詳細は不明である。同十九年一月十日没、享年四六歳。

沖田林太郎は鶴ケ岡城下に居住し、明治七年十一月東京本所入立町の立花高行方へ寄留したことは記録に残るが、以後の詳細は不明である。

旧新徴士会と清河八郎顕彰運動

石坂周造は清河八郎と新徴組の顕彰に熱心で、明治十六年（一八八三）右大臣岩倉具視へ清河の顕彰・慰霊、元新徴組士への慰労を請願し、同十八年清河の子孫斎藤誠明とともに清河遺著『潜中紀略』を刊行した。清河への正四位追贈《ついぞう》は同四十一年九月九日であった。翌年二月六日旧新徴士会の稲熊繁樹・小沢義光・渡部三吾などが発起人で清河追悼会が挙行された。同四十五年四月十四日には旧新徴士会主催で、浅草公園伝法院で清河没後五十年祭が催された。旧新徴士会はこの間、秩禄支給額の不当を訴えて国と係争中でもあった。

三宅島流罪となった組士石原富蔵

本書を閉じるにあたって、「意外な場所」の古文書調査で見つけた新徴組組士の片鱗《へんりん》史料について、語らせていただきたい。

著者はここ三〇年ほど、先輩の加藤貴さん（早稲田大学教育科学学術院講師）とのお付き合いから、伊豆諸島の自治体史の編纂や文化財に対する調査・評価・保存のお手伝いをしている。はじめは利島《としま》（現利島村）、次に新島《にいじま》（現新島村）・大島（現大島町）・神津島《こうづしま》（現神津島村）を経て、御蔵島《みくら》（現御蔵島村）に移り、現在は三宅島（現三宅村）で活動中である。

それまで島嶼《とうしょ》部をフィールドに研究をしてきたキャリアがあったからではなく、「専門家がいなくて、困っている」と、村長さんや教育長さんから直談判されて、最初は適任ではないがと、しぶしぶお引き受けしたのであった。

ところが、島嶼の地域振興に熱心な出版人二宮靖男氏の適切なコーディネートもあって、一つの仕事が完結すると、なぜか間髪入れず次のオファーをいただいたから、たんに断れないままズルズルと流されてきただけである。もちろん、東海汽船による深夜の船旅や、調布飛行場からの空の旅、そして島々の人たちとの楽しい交流はどんなに心を癒やしてくれたことだろう。いつのまにかはまってしまい、毎年五月に竹芝で開催される「東京　島愛ランド」に出かけるほどの、今では伊豆諸島のファンになってしまった。

さて、「意外な場所」とは三宅島のことである。古文書の悉皆《しっかい》調査によって得られた流人《るにん》関係史料を解読し、そのデータベースを作成するのが著者の主たる仕事となった。そして、

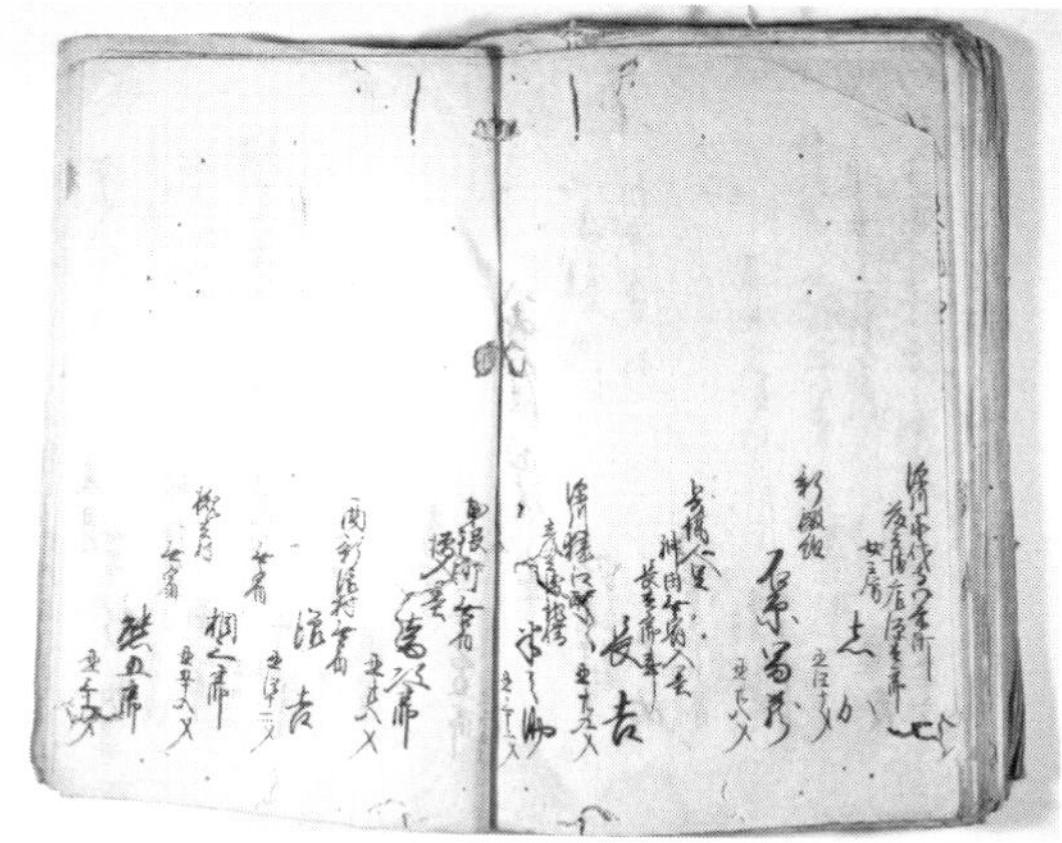

三宅島流人帳に見える石原富蔵（三宅村所蔵「七島文庫」から）
向かって右から２人目。

ほぼ完成したデータベースをもとに、いろんな統計をとってみた。するとこれまた意外なことに、これまで疑問視していた「博奕に手を染めると島流しになるよ」という巷説が、一七世紀後半以来記録される流人の犯罪歴によって、江戸時代の中盤からはきちんと証明できてしまったのである。これ以上語ってしまっては、脱線がはなはだしいので、詳しくは拙稿「統計からみた三宅島の流人」(『三宅島郷土資料館紀要』第一号、二〇一九年三宅村教育委員会発行)をご覧いただきたい。

こうして、流罪人《るざいにん》のなかから「新徴組」の組士石原富蔵の氏名を発見したのである。石原富蔵はすでに、宮地正人氏の前掲『歴史のなかの新選組』巻末の一覧表(文久三年現在)などで取り上げられている。出身は甲斐国。山本仙之助の徴募に応じ、帰府直後に入隊、文久三年(一八六三)飯塚謙輔の組士になるとされる。その組士としての活躍は本書でも散見されたが、謎の多い人物ではある。

三宅村指定有形文化財「七島文庫」の流人関係古文書を再整理・調査していると、流人の三宅島到着に伴う島掟請書《しまおきてうけしょ》(「七島文庫」六三)のなかに、その氏名を発見したのである。読み下し文で掲げよう。

三宅島
流人

大　祐（爪印）
市島広三郎（花押）
伝　吉（爪印）
し　か（爪印）
石原富蔵（花押）
長　吉（爪印）

（中　略）
右の趣、私ども当島着のみぎり精々仰せ渡され承知仕り候。これによって御請印形《いんぎょう》
仕《つかまつ》り候。以上
慶応二寅年六月五日

このように、三宅島の流人大祐（僧侶）以下の連名のなかで「石原富蔵（花押）」と見えるのである。請印《うけいん》として、庶民身分は「爪印《つめいん》」が、武士身分は「花押」が義務づけられた。石原は「花押」だから武士身分の扱いであった。この時はさすがに注目もしなかったけれど、次の三宅島役人流人請書（「七島文庫」七三）では「新徴組」と見え、しかも年齢まで記されているではないかと、驚いたのであった。

八丈（三宅の誤記）島流人御請之事

浅草内輪寺地中
時宗安称院
大　祐
丑廿七才

（中　略）

新徴組
石原富蔵
丑廿八才

（中　略）

合十七人

右の者は当島え流罪仰せ付けなされ、殿様《ママ》（伊豆代官）より流人……

慶応元丑年十月二日

三　宅　島
役　人

江川太郎左衛門様

御　役　所

この史料は三宅島の地役人《じやくにん》（神主・地役人）と三宅島にある五ケ村の名主《なぬし》が、当地を支配していた幕府の伊豆代官江川太郎左衛門（英武）へ差し出した流人受取書である。石原富蔵は丑年＝慶応元年（一八六五）当時二八歳と記されるから、天保九年（一八三八）生まれであったことが判明する。

しかし、手がかりはさらに一つあった。「流人在命帳」は三宅村所蔵本と、東京都公文書館所蔵本に二つの写本があるが、いずれも記載は次に掲げる通り同一である。

慶応元丑年九月　　三宅島流人

（中　略）

新徴組

一、禅（宗）　無理之御供願　石原富蔵（花押）

二十八歳

ここでは石原の宗旨が禅宗（具体的宗派は未詳）であったこと、流罪となった理由が「無理之御供《おとも》願」とされていることに注目される。したがって、石原富蔵については次にようにまとめられる。

すなわち、彼は天保九年（一八三八）甲斐国に生まれた。文久三年（一八六三）侠客《きょうかく》の山本（祐天）仙之助の浪士組徴募に応じ、帰府直後に入隊した。「浪士名簿」には、飯塚謙輔組、生国は甲斐と記される。しかし、「無理之御供《おとも》願」の科《とが》により遠島に処せられ、慶応元年（一八六五）九月当年二八歳をもって伊豆諸島の三宅島に到着し、十月二日三宅島役人が請証文を伊豆代官などに提出し、同二年六月五日島掟を遵守《じゅんしゅ》する請書に署名・花押をしたためた。

しかし、「無理之御供願」という罪名とはいったいどんなことであったか。「御供」とは将軍に随従することと予測されるが、いったい「無理」とはどんな行為であったのか、はたして将軍徳川家茂の長州征討に、新徴組を不法に離脱して随従しようとしたのか、それ以上を語ってくれる史料は目下のところ見つからない。依然として謎のままである。しかも、流罪後に石原ははたして赦免されたのか、現地で死亡したのか、それら消息を語る史料にも恵まれない。

このように史料というものは、われわれの知的好奇心を十分に満たしてくれるほど、必ずしも雄弁ではないのである。

おわりに

本書は早稲田大学のオープンカレッジ・エクステンションセンター八丁堀校における講座「大江戸のうわさ話」などで時々使った（二〇〇一〜一六年）、新徴組関係のレジュメがもとになっている。途中から、日野市「新選組フェスタ」、同市立新選組のふるさと歴史館の創立、および同館特別展・企画展などの裏方仕事をお手伝いすることとなり、その史料調査によって次々と新徴組関係史料を発掘できた幸運が、さらに本書の執筆を加速させることとなった。ただし、仕事上で知り得た史料は、これまでにすべて公開・公刊されており、その範囲で書き上げた著書でもある。はからずも動機づけをいただけた両機関に、まず深く謝意を表しておきたい。

しかし、ほんとうの直接的な執筆動機は次の体験にあった。

かつて鶴岡市で、「史料から見た新徴組―江戸の活動を中心に―」（二〇一二年十二月二十二日庄内歴史懇談会主催、於:鶴岡市立図書館二階講座室）という押しかけ講演をさせていただいた。

その直後に一般の参加者から投げかけられた、困惑と悲鳴がこめられた質問がずっと脳裏に突き刺さったままだからであった。

講演では、「小山《おやま》松勝一郎氏による『新徴組』（一九七六年国書刊行会発行）は、史料的な典拠が参考文献として一括後掲されるだけで、きちんとした史料的裏付けがとれないことが最大の難点である。小山松氏は小説として新徴組を描かれたのであって、一部に創作を混入されている可能性がある。それは叙述のなかで、随所に会話設定があることで歴然としている」と指摘したことを受けたものであった。

質問者は著者よりわずかに先輩かとおぼしき男性とお見受けしたが、その発言は次のように切実な叫びに似たものであった。「私は湯田川《ゆたがわ》（鶴岡市）で新徴組関係の史跡めぐりの案内に駆り出されることがある。小山松先生の本を私はこれまですべて事実だと信じて疑わずに解説してきた。しかし、そのなかにたとえ一部であっても、創作された部分があるとするならば、私は考えなおさなければならない。今後、私は何を道しるべにしていったらいいのでしょうか」。

これに対し、著者は「小山松先生は漢文に精通され、しかも多くの史料を読み込まれ、それにもとづいて書かれたことは、すこし史料をかじっただけでもわかる。ただ、出典をきちんと明示しなくてもいい文学界の小説ルールと違い、歴史学界では史料による再現性などが担保されないと、書いたものがノーカウントとして扱われてしまう。けっして小山松先生を批判するつもりはない。よるすべがない以上、現在は小山松先生の小説によれば、こんな具合に描かれていますよと断るしかありませんね」と、答えにならない弁明をしたにすぎなかった。

これがずっと脳裏にしまい込まれ、著者は時々「そういえば済ませてない宿題があった」と思い出すたび、ヒヤッとしてきた。

くだんの講演にご参加いただいた皆さん、講演会設営にご尽力いただけた阿部博行先生・秋保良先生・今野章先生らに対し、本書をその中間報告として提出したい。

最後に、本書の冒頭で述べた寺田屋事件の歴史的意義について、著者の非実証的な見通しについて若干述べさせていただく。

清河八郎は文久二年（一八六二）寺田屋事件の直前、短時日でこそあれ京都かその周辺で、薩摩藩士の西郷隆盛に会って意気投合し、とりわけ西郷は清河に大きく感化されて心酔し（西郷が清河の行動・構想力に惚れ込んだ）、両者は奥深い将来的な「盟約」を結んだのではなかったかと、そんな予感がしている。伝存する清河自身が残した記録やその周辺の史料をきちんと通読してみると、そんな見通しが立つと、「妄想」じみた予見をすでに述べたこともある。

二〇一八年十一月十日に実施された「明治維新一五〇年記念フォーラム　清河八郎はどん

な人?!」(「明治維新一五〇年記念事業」実行委員会の主管、庄内町・庄内町教育委員会・庄内町観光協会・清河八郎記念館・清河八郎顕彰会・清川地区振興協議会・清川地区自治会長会・清川報恩会・清川公民館の共催、庄内町郷土史研究会の後援、会場は庄内町文化創造館「響ホール」)においてであった。著者も一パネラーとして「浪士組誕生までの幕末の動きから見た清河八郎」と題する小報告を行い、そのすべての記録は、『明治維新一五〇年記念フォーラム　清河八郎はどんな人?!(開催記録集)』(二〇一九年同実行委員会発行)として発刊されている。ところが、寺田屋事件は尊攘派にとって予期に反した最悪の展開をきたしたため、清河が直後に残した記録・日記では、意図的にその核心部分が曖昧にされたのはむしろ自然であろう。

慶応四年(一八六八)戊辰戦争が庄内戦争として拡大するなかで、庄内藩はなんと一度も新政府軍に負けず連戦連勝でありながら、自発的に「恭順・降伏」の途を選択したことはよく知られている。その後、「西郷隆盛の温情」ある戦後処理によって庄内藩は温存され、さらに庄内藩は薩摩藩に一転急接近して、明治初年に蜜月の関係を保持していく。それは従来、「西郷の温情」は庄内藩重臣たちの卓見に満ちた、時代の趨勢に合致した機敏な行動が結実したものと評価されている。しかし、その評価にまったく疑問や矛盾が抱かれずに、検証もなしに踏襲されてきたとは、いったいどういうことであろうか。

少なくとも、庄内戦争を指揮する新政府軍参謀と庄内藩とのホットラインが、すんなりとできたとする確証は得られない。参謀黒田清隆は新庄側から最上川に沿って、その上流から庄内平野へ入っており、その途中で密かに清川村（現庄内町）の清河八郎の生家斎藤家を訪ね、その実父斎藤治兵衛と面会したとする伝承も一部にはあるそうだ。表舞台には出てこないが、治兵衛の働きこそが参謀と庄内藩重臣とを結びつけた。けれどもその史実は治兵衛と庄内藩重臣との間で永遠に秘匿された、とするならばいかがであろうか。

かつて同世代の維新史の本格研究者から、非公式の場において維新期の人物評を聞いたことがある。「プライベートな書状史料からみても、長州藩の木戸孝允《きどたかよし》（桂小五郎）は激情型人間でかんしゃくもち、薩摩藩の西郷隆盛は豪放磊落《ごうほうらいらく》ながら律儀型人間で情にほだされやすいことが、それぞれ透けて見える」というのである。維新期にハプニングが起こりえるとするならば、西郷が関与した事件こそふさわしいと直感したのであった。

それは庄内藩にとっては皮肉にも、西郷の思い違い（清河は庄内藩が陰で温存していた秘蔵の逸材）に起因するハプニングではなかったかと、著者は想定している。庄内藩重臣たちはこの予想外な「温情」の進展に迎合し、積極的に美談へ「すり替え」る密議を短期間で行ったのではなかろうか。庄内藩に限ったことではないが、明治維新で生き残った諸藩にも新政府にも、秘めざるを得ない不条理・理不尽な「陰の部分」がありがちなのである。まったく別の視点からすれば、この「温情」と引き替えに、庄内藩から薩摩藩と同藩出身参謀らへ巨額の政治資金が支払われていた可能性すらありえるからだ。

これに反して寺田屋事件の直前、庄内藩郷士の嫡男であった清河と西郷が面会し、そこで深い情誼が交わされて盟約を結んだのであれば（清河の厚意を結果的に無にしてしまったという贖罪《しよくざい》意識からする律儀な恩返し）、すんなりと筋が通ることとなる。このように「西郷の温情」はある種の自身の勘違いか、間違った思い込みによるものであり、非業《ひごう》の死を遂げた盟友清河にかえて、清河の所属した庄内藩へ向けられたものではなかったろうか。慶応三年（一八六七）の薩摩藩邸焼き討ち事件で中心的な働きをした庄内藩を、薩摩藩がそうやすやすと許すほどの寛容さを、持ち合わせていたとは思われないからだ。水戸藩と彦根藩、会津藩と長州藩のその後の歴史的関係を想起すれば、むしろ報復の連鎖・連続であったなかで、実に不可思議な転回が起こったこととなる。

幕末はきわめて高い密度の時間が流れ、しかも状況が激変して展開する連続であり、それぞれの出来事との間隙がずいぶんあると感じられやすい。したがって、そんな古いことに西郷が呪縛されていたとは思えないと批判があがるかもしれない。しかし寺田屋事件は一九六二年、戊辰戦争がおこるわずか六年前、人生八〇年とすれば、ほんの少し前のことであった。

したがって、庄内藩を救ったのは、文久元年（一八六一）無礼討ち事件以来、迷惑をかけたと庄内藩によって理不尽な仕打ちの対象とされた亡き清河自身と実父治兵衛ではなかったか、そんな「妄想」を抱くのである。

庄内戦争終結の直後から、西郷の忠実な腹心であった参謀黒田清隆が配下の兵士に清川村の清河の生家とその周辺を捜索させ、その遺族や関係者の安否などをさかんに捜索・慰問している史料が散見される。将来都合の悪い史料を抹殺し、都合の良い史料だけを厳選して継承されがちなことを想起していただきたい。ところが、「美談」とは矛盾する史実が厳選史料のほころびから、はからずも漏れ出てくる。この「妄想」は今後、検証するだけの価値があると「夢想」している。以上は本文では筆舌に尽くしがたい「アブナイ」内容であるから、あえて番外で語らせていただいた。クワバラ、クワバラ。

とはいえ、この本は史料に基づきながらも、所詮は予想・予測・予断、推測・推定に満ちあふれた「史実」ばかりである。そういった意味からすれば、NHK「たぶんこうだったんじゃないか劇場」の域を少しも出ていないと思うし、歴史学とはもともとそういった「ユルイ」学問であることを否定できない。言葉の上では検証とか実証とか力を込めて叫びながらも、過去の事実については、自然科学のように再現性を少しも担保・確保できないからである。そのことの学問上の限界性や弱点について、チコちゃんから叱られて、改めて再認識しながら、只今本書執筆後の反省中である。

なお、新徴組の歴史的評価—幕臣か御家人か、庄内藩士か委任幕臣かなど—をめぐっては、現在も学問的には一定しない。著者の意見の一端と疑問については、すでに述べている別編著の解説に譲りたい。新徴組の幅広い支持層が「チョコレートパフェ」をオーダーしているのに、著者は「塩せんべい」をサーブしてくるではないか、「けしからん」と読後にお感じになった方があれば、深くお詫び申し上げるしかない。

二〇二一年六月二二日　著　者

画像や図版について、掲載のご承諾をいただけた方々などへ謝辞したい。失礼ながら敬称を略した。

清河八郎記念館（山形県庄内町）
金野啓史（日野市立新選組のふるさと歴史館館長、民俗学者）
致道博物館（山形県鶴岡市）
千葉弥一郎ご子孫
鶴岡市郷土資料館（山形県）
東京大学史料編纂所（東京都文京区）
東京都千代田区

東京都三宅村
根岸友山ご子孫
根岸友山・武香顕彰会（埼玉県熊谷市）
中村定右衛門ご子孫
苗木遠山史料館（岐阜県中津川市）
橋本敬之（江川文庫）
長谷川奈織（元日野市立新選組のふるさと歴史館新選組関係史料調査団主任調査員）
馬場弘融（前日野市長）
日野市立新選組のふるさと歴史館（東京都）
藤井和夫（元日野市立新選組のふるさと歴史館館長、東アジア考古学者）
富士吉田市歴史民俗博物館（山梨県）
保谷　徹（前東京大学史料編纂所所長）
松ケ岡開墾場（山形県鶴岡市）
早稲田大学エクステンションセンター（東京都新宿区）

〔付記〕

三校になって、タイトルとして進めていた「史料が語る新徴組」をサブタイトルに移し、「幕末大江戸のおまわりさん」をメインタイトルとした。本書を幕末史や江戸史に関心を抱かれる、幅広い読者に手に取っていただき、新徴組の史実をいっそう普及し、今後いっしょに議論したいとの思いがあった。二次的な実録風の新徴組評論ではなく、新徴組史料の叫び声に耳を傾けていただきたいのである。

著者の思いつかない妙案を積極的に提案してくれるなど、本書の生みの苦しみをともに分かちあってくれた、編集部の渡辺哲史氏をねぎらいたい。

於ＴＯＭＡＴＯ・ＪＲの定席

〈本書は東京大学史料編纂所「維新史料研究の国際ハブ拠点形成プロジェクト」の成果の一部である。〉

史料による新徴組年表

年	月	日	事項（ただし、一部の齟齬・矛盾は要検討）
文久元年（一八六一）	5	20	清河八郎、「町人無礼討ち」事件により各地を逃亡する。
文久二年（一八六二）	**4**	**23**	**京都伏見で寺田屋事件がおきる。**
	閏	8	清河八郎、前越前藩主松平春嶽へ上書する。
	10頃		清河八郎、武州熊谷在の尊攘派豪農根岸友山を訪れる。
	11	12	清河八郎、松平春嶽に「国家急務三事」を建白する。
	12	5	幕府、朝廷に対して「奉勅攘夷」を誓約する。
	12	8	幕府、清河の献策を採用し、浪士募集を決定する。
	12	10	幕府、浪士取扱頭取に三河国長沢住の旗本松平主税助（一敏）を、のち浪士取扱に旗本山岡鉄太郎（鉄舟）を任命する。
	12	11	清河八郎、水戸から江戸に出て、山岡鉄太郎のもとに身を寄せる。
	12	18	清河八郎、町奉行所へ出頭して「町人無礼討ち」を届け出て、奉行浅野長祚から赦免を申し渡され、身柄は浪士組取扱頭取へ移される。
	12	**19**	**老中、清河八郎の献策を採用し、幕府は「浪士組」の募集を布告する**
	12	24	幕府、鵜殿鳩翁を浪士取扱頭取に任命する。

年	月	日	事　項（ただし、一部の齟齬・矛盾は要検討）
文久二年（一八六二）	12	30	幕府、清河八郎の登用を正式に決定する。
文久三年（一八六三）	正	2	清河八郎、松平春嶽に再度上書する。この頃、山岡鉄太郎は清河八郎・池田徳太郎・石坂周造と相談し、浪士組徴募の実務に取りかかる。その分担計画は清河が全体を統括し、池田が武蔵・上野・甲斐の三ケ国を、石坂が安房・上総・下総・常陸の三ケ国を徴募するもの。
	正	7	幕府、庄内藩へ清河八郎召し捕らえ指令を撤回する。清河、書状で根岸友山に有志募集の周旋を依頼し、池田徳太郎を紹介して北関東の徴募を開始する。
	正	13	池田徳太郎、秩父で五〇人ほどを徴募して寄居宿へ移動、さらに上野国太田へとめざましく行動する。
	2	朔	根岸友山らが江戸に到着し、山岡鉄太郎らを訪問して馬喰町に止宿する。
	2	3	浪士組の小頭として根岸友山・徳永大和・常見一郎が内定する。
	2	4	志士たち、江戸小石川伝通院の塔頭処静院の北隣学寮「大信寮」に集合し、幕府は浪士組組士の選抜を実施する。
	2	**8**	**浪士組二三六人が、江戸を出発する**（2・23京都へ到着）。
	2	24	浪士組、清河の提案で新徳寺へ集合し、朝廷の学習院へ奉勅攘夷の建白を行う（2・29嘉納の勅諚）。
	2	29	早川（暮地）文太郎、京都で浪士組に登用される。

	3	3	朝廷（関白鷹司政道）、イギリス軍艦の江戸湾来航のため、浪士取扱頭取の鵜殿鳩翁と浪士取扱の山岡鉄太郎対し江戸帰府の命令を下す。幕府、これを受諾する。清河八郎、幕府の命令に従い江戸帰府に同意する。近藤勇らは京都に残留し、壬生浪士（のち会津藩預の新選組）となる。
	3	4	将軍家茂が上洛する。
	3	**13**	**浪士組、京都を出発する。**
	3	22	鵜殿鳩翁・高橋伊勢守（泥舟）、信州下諏訪宿で内藤弥三郎・土橋（森土）鉞四郎・山本仙之助らに甲斐国三郡の、分部宗右衛門（藤原啓佑）・早川（暮地）文太郎に都留郡の、それぞれ有志募方を命じ、募状一通と手当金一〇両を渡す。
	3	**28**	**浪士組二〇九人、江戸へ到着する。**幕府、すでに江戸「留守御警衛」浪士の宿舎であった旗本小笠原加賀守明屋敷を帰府浪士組の宿舎にあて、本所三笠町「浪人屋敷」（「三笠町御用屋敷」・「新徴組御役屋敷」とも）と称される。収容できない浪士は、付近の大松屋・羽生屋・井筒屋・山形屋など旅籠屋に一時分散・宿営される。浪士組上京後に駆け付け、江戸「留守御警衛」を命じられた浪士一二六人が合流して、浪士組は合計三三五人となる。
	4	3〜4	浪士組幹部、浅草御蔵前の札差など富豪町人へ軍用金の強談に及ぶ。
	4	6	偽浪士の岡田周蔵（朽葉新吉）、配下二人とともに料理屋「青柳」で酒食し、新吉原へ繰り出そうとするところ、通りかかった浪士組の松岡万と草野剛三ら七人に召し捕えられる。
	4	8	浪士取扱の鵜殿鳩翁、京都在勤中から持病の胸痛がおこり、帰府後は次第に強痛で気分が鬱閉して勤められなくなったとして辞職を願い出る。

年	月	日	事項（ただし、一部の齟齬・矛盾は要検討）
文久三年（一八六三）	4	9	分部宗右衛門と早川文太郎、募った浪士を同道して本所「三笠町御用屋敷」（「浪人屋敷」）に着く。清河八郎、石坂・村上に命じて岡田周蔵と神戸六郎を斬首し、両国広小路の米沢町に捨札して梟首とする。
	4	10	町奉行所与力・同心ら二〇〇人、岡田・神戸の検死を行い、取り片付けを浪士組に任せる
	4	11	幕府、浪士組の宿舎を田安黐木坂下の久世謙吉（下総国関宿藩主）の元屋敷家作とし、「黐木坂下御用屋敷」ないし「飯田町御用屋敷」と称する。浪士組士の屋敷は、三笠町と黐木坂の二ケ所となる
	4	13	杉山良作と清河八郎の弟斎藤熊三郎、老中松平豊前守（信義）へ直訴をする。清河八郎、浪士取締の速見又四郎と佐々木只三郎によって、三田赤羽橋付近の麻布十番一の橋茶屋伊勢屋の前で暗殺される。この夜、幕府は旗本高橋伊勢守（泥舟）を御役御免・小普請入にする。
	4	**14**	**老中松平豊前守（信義）、庄内藩主酒井繁之丞へ本所三笠町辺へ人数を差し出すよう通達する。幕府、石坂周造・村上俊五郎など浪士組幹部を捕縛する。幕府、御徒頭次席・講武所槍術師範役で浪士取扱の高橋伊勢守（泥舟）を御役御免・差控、浪士組取締役並出役（取調役とも）の佐々木只三郎・速見又三郎（久四郎とも）・高久安次郎・広瀬六兵衛・永井虎之助・徳永昌作・依田雄次郎らを御役御免とする。**

4	**15**	「本所浪人屋敷」で四人、馬喰町で一一人、講武所で一二人、小石川（水戸藩系）で一一人の合計三八人（記載値三六人）が召し捕りになる。**幕府、浪士組を「新徴組」と命名して再編成し、その取扱を庄内藩に委任する。**
4	16	御府内昼夜廻りは庄内藩主酒井繁之丞が御役御免となり、小浜藩主の酒井若狭守（忠義）の任となる。
4	21	幕府、新徴組取扱の松平上総介、箱館奉行支配組頭の河津三郎太郎にそれぞれ新徴組支配を命じ、新徴組取扱の鵜殿鳩翁は御役御免、後任は松平上総介忠敏となる。
4	**23**	**浪士組の半数、鞠木坂屋敷へ移動する。**
5	4	幕府、英国艦隊と戦端を開かれた場合、新徴組に対して即座に芝新銭座へ出動するよう命じる。
5	7	老中、非常の場合は芝新銭座の韮山代官江川太郎左衛門の調練場へ詰めるよう新徴組へ通達する。
5	9	幕府、新徴組に芝新銭座江川調練場の御守衛を命じ、その場所を検分するため新徴組三〇人ほどが出動する。
5	11	幕府、浪士取扱の中条金之助を新徴組支配とする。
5	17	幕府、新徴組取締役の河野三助を新徴組支配、外国奉行支配調役並の荒木済三郎と新徴組取締役の松本直一郎および箱館役所書物御用出役の安藤静太郎を、ともに同組頭とする。
5	19	新徴組に世話役・取締付が任命される。幕臣から新徴組の世話役・取締付が登用される。

年	月	日	事項（ただし、一部の齟齬・矛盾は要検討）
文久三年（一八六三）	5	27	幕府、非常に臨む際は江川調練場を本陣同様に心得て、必死に防御するよう新徴組へ通達する。
	6	**3**	**江戸城西之丸火災に新徴組が出動する。** 当日新徴組は、非常警衛のため庄内藩上屋敷へ詰め、午後八時頃に三笠町屋敷へ引き取る。
	6	14	午後二時頃、新徴組の鈴木登之助・柳沢武助・小崎隼之助・海老沢左内が石川屋庄次郎方へ強談に及ぶ。
	6	―	幕府、御台所人の大沢源次郎、御徒の昌岡俊之助・大野亀太郎、および箱館奉行定役の飯田豊之助、新徴組定役の中山脩輔を、ともに新徴組支配調役に命じる。
	6	末	新徴組に剣術教授方九人が任命される。
	7	6	夜、小日向水道町の上水端土蔵へ「報国忠士高間鎌蔵」の氏名をもって、新徴組を中傷する張訴がなされる。
	8	4	庄内藩、口達趣意をもって新徴組の綱紀粛正をはかる。
	8	17	新徴組は従来一隊一〇人（小頭と組士九人）であったが、一隊五人（小頭と組士四人）へ編成替えする。
	8	18	京都で八月十八日の政変がおこる。
	8	**23**	**幕府歩兵組による両国の象小屋うちこわし事件に、新徴組は本多平之丞・山本武右衛門・小林忠之助・古川運二などが出動・仲裁に入るが聞き入れられず、抜刀して歩兵を退散させる。** 午前一〇時過ぎに、新徴組浪士を称する二人が小石川正福院門前の質渡世伊勢屋五兵衛らへ金子の無心をする。

8	28	幕府、新徴組の非常御警衛場所を芝札之辻と決める。
9	**5**	**黐木坂御用屋敷にまず三棟の長屋が完成し、新徴組の一部が引っ越す。屋敷の四隅に掲げた標木「酒井左衛門尉（庄内藩）屋敷」を見て怒った組士の中村定右衛門・鯉淵太郎、これを取り除き溝中に投じ、庄内藩は二人を投獄する**
9	7	幕府、調練場の新徴組を芝の元札の辻へ差し出す予定として、同所までの武家屋敷を除外して持場と心得・応援するよう庄内藩に指示する。
9	**12**	**幕府、新徴組を庄内藩の神田橋上屋敷に召し出す。組士を小普請方伊賀者次席の格式、三人扶持・金五両をもって召し抱えるとする若年寄田沼玄蕃頭意尊の申渡が伝達される。**根岸友山は、病気を理由に召し抱えを辞退し、永暇を願って帰郷する。
9	21	幕府、書院番士の片山弥次郎、新番士の松下誠一郎・野田源太夫、小十人の磯村勝兵衛、小普請組の小林弥兵衛、御目見得格・箱館奉行支配調役並の高須義太夫、新番士の小貫鋳太郎をそれぞれ新徴組支配組頭に、新徴組支配取調役の山内八郎を新徴組支配調役に、同定役の山内道之助を新徴組支配組頭に命じる。
9	22	幕府、新徴組支配の中条金之助を御徒頭に役替えとする。
9	**23**	**幕府、新徴組御用取扱を廃止し、新徴組に庄内藩家老支配の新徴組取扱頭取を置き、配下に取扱役・差引役・勘定役を従えさせる。**
9	28	幕府、新徴組支配の河津三郎太郎を外国奉行へ役替えとする。

年	月	日	事項（ただし、一部の齟齬・矛盾は要検討）
文久三年（一八六三）	**10**	**15**	**千住宿一丁目の往来で、組士の大村達尾が組士の山本仙之助（祐天）を仇討ちする。**
	10	**26**	**幕府、庄内藩など一三藩に江戸市中警備を命じる。新徴組、江戸市中取締りに動員される。当時の組士は二〇七人、庄内藩では菅《すげ》善太右衛門実秀の建言により、藩士の二・三男を上府させ、新徴組に編入する方針を打ち出す。**
	10	29	新徴組小頭の村上常右衛門、清水御門外往還で一橋殿御用人の中根長十郎を殺害し、その関係者五人は逃げ去る。
	10	下旬	水戸脱藩組士と組士山田一郎に煽動された組士、多数が脱走する。
	10	―	**この月幕府、新徴組の一統へ市中廻り方を命じる。**
	11	7	午前一時頃、新徴組頭磯村勝兵衛方の新八郎を自称する侍、「上組抱番人」の粂吉を捕らえ、米屋の鍋屋への強談を手引きさせようとする。
	11	10	幕府、新徴組に神田橋仮御役所（庄内藩上屋敷）で伍隊組合を命じ、組士が誓詞・血判し、一三日（一四日とも）から御殿詰番を始める。
	11	12	逮捕された新徴組の猪瀬禎一郎・加畑儀左衛門、本多美濃守（岡崎藩）家来へ預け替えされる。午後一〇時頃、本郷二丁目内西横丁往還で市ケ谷田町一丁目幸吉店の惣七と弥八が、新徴組六番山田官司組の鈴木清太郎と偽称する者と喧嘩となる。
	11	**12〜13**	**本所三笠町御用屋敷に残留する組士は、鶉木坂御用屋敷へすべて引っ越す。**

11	19	幕府、御府内昼夜廻りを宇都宮藩・臼杵藩・郡上藩・鯖江藩・亀田藩・結城藩・飯山藩・広瀬藩・湯長谷藩・小諸藩・長岡藩に命じる。
11	**20**	**幕府、新徴組の一切を庄内藩に委任すると通達する。**午前八時頃、新吉原江戸町二丁目遊女屋久助方へ、勤仕並高橋美作守（泥舟）家来の田内新兵衛、講武所奉行並男谷下総守家来の山本信三、新徴組の本多平之進、浪人の森山久兵衛をそれぞれ自称する四人が遊興に来て、酒狂の上で乱妨に及ぶ。主人が新徴組の廻り先へ訴え、捕え押さえる。
11	22	幕府、新徴組支配の松平上総助・林伊太郎を御役御免、勤仕並寄合を命じる。
11	**24**	**老中は新徴組に対し、殺傷・押借などを働く者は、見かけ次第に搦め捕えるには及ばない。その場においてすぐに切り捨て、速やかに御府内を鎮静いたせと命じる。**
11	25	新徴組の片山庄左衛門、僧慈海にいかがの所業あると申し立て、町奉行へ引き渡す。
11	27	「浪士組」頭取の大関健蔵・小沢弥十郎・藤山一角・杉本鉄之助・内藤但馬の名前をもって、駒込片町の両替渡世伊勢屋庄九郎方へ強談に及ぶ投文がある。
12	朔	新徴組は町方と相談した上、本小田原町一丁目杢右衛門店の魚売神崎屋重次郎宅へ踏み込み、新徴組の神崎平兵衛・志村佐吉および神崎屋重次郎を逮捕する。朝、新徴組の小頭小林登之助門の弟たちが、榎坂辺で抜刀して駈け廻っていた上総国飯野藩士で、当時は分知保科栄次郎附御用人（屋敷は虎御門内栄螺尻）を捕らえ押える。

年	月	日	事項（ただし、一部の齟齬・矛盾は要検討）
文久三年（一八六三）	12	6	庄内藩主酒井繁之丞、「新徴法令」をたてるなど・新徴組の改革につき老中板倉勝静へ伺う。
	12	9	庄内藩士、廻り先で怪しげな行為に及んだ老中井上河内守の家来を、本材木町河岸に追い詰め捕らえ押える。
	12	11	幕府、水戸殿浪人あるいは新徴組を偽称して強談に及ぶ族について、全国へ取締の強化を命じる。
	12	24	室町三丁目家主与兵衛地借茂一郎後見三五郎へ、新徴組を称した差紙が到来する。
	12	26	庄内藩主酒井繁之丞、諸太夫（従五位）に列せられ、左衛門尉と改称する
	12	−	鞴木坂御長屋の御門法が申し渡される。（三笠町）浪人世話懸名主の「惣絵書上」によれば、浪人の総人数は一二五人（集計値二二七人、うち同居六人）、うち男は一七四人（同居四人）、女は五三人（同居二人）、竈数は二八軒。
元治元年（一八六四）	正	9	庄内藩主は老中に宛て、御預けを命ぜられた新徴組の村上常右衛門・関口三千之助・鯉淵太郎・西野宗右衛門・中村常右衛門・大森浜治の御預け替えを願う。
	正	15	新徴組の関口三千之助・鯉淵太郎は三河国田原藩家来へ、村上常右衛門・西野宗右衛門は河内国狭山藩家来へ御預け替えを命ぜられる。のち西野は交代寄合山名義済に御預け替えとなる。

2	7	幕府、新徴組小頭の片山弥次郎を講武所奉行支配取締へ転任させる。
2	11	午前二時頃、本郷竹町家主質屋渡世大島屋源助方へ強談に及んだ侍体の三人を、新徴組の土屋竹蔵・石原富蔵や小普請組酒井順之助家来の佐野芳之助が出張して捕らえ押える。
2	13	庄内藩の手の者、いかがの所業がある侍体五人と坊主一人を夜に板橋宿で捕らえ押える。
2	17	新徴組の金子武雄は吟味中に近江国三上藩へ身柄を御預けのところ、肥前国福江藩（？）へ御預け替えとなる。
2	**24**	**幕府、庄内藩へ対して田安黐木坂下の新徴組住居屋敷・家作、および修復料金千両を下賜する。**
2	26	元新徴組小頭岡田盟は当時一条殿家来岡田伊織と称していたが、不審の風聞があるとして庄内藩人数が捕え押える。
3	9	新徴組、かねての強談により元小林登之助門弟で浪人長谷川太郎を、晩に千住宿で捕らえる。
3	**27**	**筑波山で挙兵があり、新徴組を脱走・参加した元組士が、「筑波勢新徴組」を称す。**
3	—	新徴組の組士は二二七人とする。
4	5頃	本所三笠町新徴組の大内志津馬組合勝田芳蔵・横山明平、熊本藩上屋敷中間部屋での博奕の嫌疑で同藩を強請る。

年	月	日	事項（ただし、一部の齟齬・矛盾は要検討）
元治元年（一八六四）	4	12	新徴組小頭桜井禹之助が同組士山川竹蔵に刃傷に及んだ事件処理について、庄内藩主酒井忠篤はその指揮を伺ぐが、この日幕府は自藩で専決処分せよと回答する。
	4	**16**	**幕府、新徴組の委任に伴い庄内藩へさらに金二千両を追加支給する。**
	4	23	新徴組の杉本源馬、病死する。
	4	−	幕府、新徴組へ派遣していた諸役人を引き揚げる。
	5	2	幕府、田安麴木坂下の屋敷が手狭になったとして、同所地続きの戸塚厚之進屋敷を添地として下賜する。
	5	**3**	**新徴組士、幕臣から事実上の庄内藩士となる。**新徴組肝煎の山口三郎、庄内藩への委任につき組士へ申渡を行う。庄内藩、新徴組肝煎締役を山田官司に、同肝煎を吉田庄助・森土鉞四郎・分部宗右衛門・柏尾馬之助・仁科五郎・大津彦太五郎に命じる。幕府、新徴組組頭の荒木済三郎・松本直一郎・松下誠一郎・野田源太夫・安田静太郎・高須義太夫・小貫鋳太郎・小林弥兵衛、新徴組調役の大沢源次郎・畠岡俊之助・大野亀三郎・飯田豊之助・中山脩助・山内道之助、御勘定格・新徴組調役の山内八郎、新徴組定役の直江左太夫・小山門太郎・荒木重之丞・山内勝右衛門・藤本潤助・中島文蔵・深谷幸蔵・伊東整作・清水錠蔵・神谷麗三郎を役替えとする。
	5	16	水戸天狗党の筑波挙兵に伴い、新徴組を脱走して合流した新徴組の元組士山田一郎・田島幾弥・天野準治・渡辺欽吾・佐藤継助は江戸に出て、幕府に「強談」の釈明と庶民困難の情況を自訴する。

5	27	市中廻りの新徴組二組一八人（岡田昇作・赤井俊治・石橋清太郎・中村又蔵など）、永富町二丁目の七兵衛方へ強談に来た浪人体の者二人を討ち捨てる。一人の浪人の懐中には書付があり、「元治元年四月八日改め、小沢時太郎藤原董政（花押）」とある。
7	26	長州藩檜屋敷を取り囲むため、新徴組が出張する。
8	**18**	**幕府、庄内藩に対して昨年以来の市中廻りや、新徴組委任について格別に骨を折ったとして、出羽国御預所二万七千石余をその御手当として支給し、新徴組は末々まで家来同様御付与とする。翌日付の庄内藩の史料では、幕府領であった出羽国御預所二万七千石を、新徴組附属分として加増されたとする。**
9	24	幕府、長州藩征討を決定する。庄内藩主は御旗本御先手を御免となり、御留守中の御府内御警衛を命じられる。
10	17	午前一〇時頃、永代橋向かいの御船手屋敷御門前で、庄内藩の御人数が浪士を召し捕え大騒動となる。
10	—	庄内藩、新徴組一統へ江戸市中廻り方を申し渡す。
11	2	朝、庄内藩は人数を差し出し、本所四ツ目通りの御小性小栗九郎右衛門宅へ潜伏していた水戸浪人を称する柴田源太郎、上方浪人を称する金田八郎を捕える。
11	4	幕府、庄内藩の松平権十郎は新徴組の取り扱い筋などで格別行き届くとして、しばらく江戸へ差し置くよう通達する。

年	月	日	事項（ただし、一部の齟齬・矛盾は要検討）
元治元年（一八六四）	11	9	両町奉行組廻りの者から庄内藩へ出動要請があり、深川松村町由兵衛店の元廻船問屋新兵衛方に潜伏している長州藩士（毛利左京家来で金方出役兼帯の斧吉之助、同用人留守居出役の白石春蔵、同中間の林蔵・庄之助・竹蔵など）を逮捕する。
	11	**20**	**幕府、庄内藩主に新徴組取締を委任する。**
	12	5	幕府、庄内藩主に一七万石高の家格昇格を許す。
慶応元年（一八六五）	2	－	庄内藩、新徴組の定員を一六〇人と決定する。
	3	－	**新徴組、鉄砲稽古を開始する。**
	4	**15**	**幕府、庄内藩（新徴組）に江戸御府内の昼夜一手廻りを命じる。**
	閏5	21	新徴組の中村又太郎は一通りお尋ねの上、庄内藩へ預け返される。
	閏5	－	新徴組の組士や元組士などが（中川一・三宅捨五郎・小栗実之助・勝田芳蔵・小田切半平、西藤造こと善次郎）、盗賊を働いた嫌疑で逮捕される。
	6	－	黐木坂組屋敷の新規普請、完成する。
	7	6	午後三時頃、小普請組山口近江守支配の旗本神尾稲三郎屋敷前で、知行所百姓一四八人のうち四人が徒党がましく居座る。夜、庄内藩が頭立つ者を捕え押える。
	7	14	組士森村東之助、元飯田町俎橋で乱心事件をおこす。

	7	15	庄内藩士石井与綱、御老中方御宅へ差し出す使者は裃着用が勿論であるが、当時御府内御取締勤めにつき、裃・継裃のうち都合次第着用することを幕府に伺う。
	8	−	小頭三村伊賀右衛門と組士馬場熊蔵が喧嘩・刃傷に及ぶ（9・9両人は切腹）。
	9	10	午後一〇時頃、新徴組は深川霊巌寺前通で、暴徒体で怪しい侍体の二人を追い詰め捕らえようとしたが、抜刀して手向かったため一人を切り捨てる。
	12	12	新徴組の芳賀忠次・中村常右衛門・千葉雄太郎、夜に神田明神前で狼藉に及んだ旗本永島直之丞と御家人小倉源之丞を討ち果たす（12・26組士三人は切腹）。
	12	13	講武所剣術教授方桃井春蔵と新徴組の押し問答がある。
慶応二年（一八六六）	2	−	組士の中村健司が取り逆上せて半自害に及び、その後脱走して武州足立郡北三谷村で取り押えられる。庄内藩、2・14不埒の至りで急度も命じるべきところ、これまでの勤め方に免じて本人は隠居、減俸のうえ嗣子健次郎を組士に召し抱える。
	4	22（一説に21）	朝、新徴組の薗部為次郎が他出して翌日になっても帰宅せず、組合の者から出奔届が出され、5・6組除けなる。
	6	29	夜、新両替町三丁目の自身番屋において、三宝院宮元家来で当時新徴組古川軍蔵の門人熊谷五郎と番人が喧嘩となり、番人は五郎の抜いた刀で腕に疵を負い訴訟沙汰となる。

年	月	日	事項（ただし、一部の齟齬・矛盾は要検討）
慶応二年（一八六六）	8	21	組士石原槌太郎、自殺する。
	8	26	組士飯塚謙輔にいかがの風聞があり、その上不埒の至りとして召し放ちとなる。
	9	**18**	**別手組出役の四人がアメリカ国ミニストル（公使）、士官三人、婦人三人に付き添い王子辺から浅草御蔵前を通行したところ、町人体の者数百人が屯集して外国人へ悪口雑言を申しかけ、その上礫を打ちかける騒動がおこる。その余波に巻き込まれた書院番頭巨勢大隅守殿屋敷からの依頼で新徴組が出動し、門前の暴徒を一掃させる。**
	10	4	組士石原新作、暗殺される。
	11	26	組士岩間清四郎、乱心事件をおこす。
慶応三年（一八六七）	2	7	夜、神田松枝町（現千代田区）の甚八店与吉方が強談に及ばれ、庄内藩は人数を繰り出しその者を捕え押える。
	4	3	不審の趣があるとして、新徴組は見廻り先の神田佐久間町二丁目で浪人体の者一人を召し捕える。
	4	11	飯田町屋敷内（黐木坂新徴組組屋敷）には拝領以前から東照宮があり、毎年四月十七日に現役の火消役で御祭礼を執行してきたため、それを継承したいと伺う。

4	12	庄内藩江戸藩邸、浅草向柳原の下屋敷で鳴物を使った銃隊の調練をしたいと国許へ届け出る。
4	23	新徴組組士は小頭中沢良之介のもと、立花常一郎・大島百太郎・中村健次郎・千葉弥一郎の五人が、猿若町一丁目芝居小屋の裏通り角の酒屋へ抜刀して侵入した強盗を捕える。
6	10	新徴組、千住の掃部宿の百姓伜を慮外として切り殺した旗本石川宗十郎の家来伊藤太助ら四人を召し捕える。
7	−	**新徴組、幕府歩兵組と衝突する。**
8	朔	夜、新徴組が廻り先の深川仲町西横丁で、抜刀して周りへ切りかかる乱妨者を召し捕える。
9	25	側御用人をつとめる庄内藩士菅秀三郎、向島土手の下隅田村で鉄砲で狩をし人殺しに及ぶ。
秋頃	−	**新徴組、忍び廻りはじめる**（遅くとも四月に開始事実を確認できる）。
10	−	**新徴組、幕府歩兵隊との応接事件を起こす。**
10	**末**	**新徴組と板橋関門守衛の西端藩、押し問答する。**
11	15	午前二時頃、金吹町為替両替店の「播新」（播磨屋）こと中井新右衛門へ、市中廻りを騙る賊侍三〇人余が入り、新徴組組士は召し捕えようとして戦う。
11	23	新徴組、表二番町旗本徳永帯刀邸白昼強盗事件に出動し、組士山田貢は強盗の伜「小天狗」を斬殺する。
12	**26**	**庄内藩のもとで新徴組、江戸芝の薩摩藩邸を襲撃する。**
12	−	**旧幕府歩兵の吉原遊郭乱入に伴い、新徴組が出動する。**

年	月	日	事項（ただし、一部の齟齬・矛盾は要検討）
明治元年（一八六八）	正	3	旧幕府軍、鳥羽・伏見の戦で敗北する。
	正	**23**	**庄内藩、江戸市中取締が廃止となる。**
	正	−	組士早川（幕地）文太郎らは新徴組を脱退し、やがて尾張藩に付属する帰順正気隊へ合流、新政府軍側にあって東北戦争を戦い抜く。
	2	**15**	**庄内藩、新徴組に庄内勝手方を命じる。**
	2	**20**	**庄内藩主忠篤、帰国のため江戸を出立する。**
	2	**26**	**新徴組、江戸を順次引き揚げ、庄内への出立を開始する**（3・14鶴ケ岡へ到着、3・19湯田川へ到着）。当時の新徴組は組士一三六人、家族三一一人とする。
	3	**14**	**新徴組一行、鶴ケ岡城下に到着する。**
	3	**15**	**新徴組、湯田川温泉に仮住まいを始める。**庄内藩、宿屋と民家三七軒に分宿させ、組役所を置いて新徴組を監督する。
	4	2	新政府、庄内藩追討を布令する。
	4	19	湯田川客舎で止宿する新徴組へ、隼人宅仮御役所において庄内藩から御達がある。
	4	**21**	**新徴組一二一人は庄内藩軍に編成され、その三・四・五・六番隊が川北へ出陣する。**
	4	24	暁、清河村へ新政府軍が押し入ってきて戦端が開かれ、新徴組一・二番が正午頃に湯田川を出陣する。

閏4	12	新徴組は立谷沢へ出陣中に、藩主らから長期出陣を褒められる。
閏4	19	立谷沢へ出陣中、藩主から新徴組へ鯨が下賜される。
閏4	27	最上新庄藩領臂折（肘折）村に新政府軍が侵攻したため、新徴組は同地へ転陣を命じられる。
閏4	28	新徴組、立谷沢から木野沢をつなぐ山の極難の間道を越える。
閏4	29	雨天のなか新庄藩人数が肘折の一里手前の深江に出張・潜伏したため、庄内藩と新徴組一・二番隊四〇人が肘折を目指し、午後の大雨のなか分部宗右衛門を先頭に進軍する。
5	5	新徴組、湯田川客舎へ帰る。
5	6	藩主から新徴組一・二頬へ「今度の出張大儀」の思し召しが伝達される。
5	8	分部が出張中の間道穿鑿などに骨折精勤につき金三〇〇疋（三分）を下賜される。庄内藩、新徴組一同に銃隊を命じる。
5	**29**	**新徴組一同は四番松平権十郎隊へ付属され、越後口など各地で転戦し続ける。**
7	6	庄内藩、新徴組肝煎の分部宗右衛門を御家中組に編入し、当分の間村山郡代官を命じる。
7	28	庄内藩、矢島城を陥落させる。
9	20	代官赴任地へ新政府軍が押し寄せたため、分部は寒河江の御代官陣屋を引き揚げ、白岩川を隔てて新政府軍と戦う。
9	23	分部、湯田川宿舎へ帰着する。
9	**27**	**庄内藩、新政府軍に降伏する。**

年	月	日	事　項（ただし、一部の齟齬・矛盾は要検討）
明治元年（一八六八）	**10**	**10**	**新徴組、湯田川へ帰陣する。**
	12	–	忠篤の弟忠宝、庄内藩主となる。
明治二年（一八六九）	9	–	庄内藩、大泉藩と改称する。
明治三年（一八七〇）	9	–	組士椿佐一郎、暗殺される。
	10	–	前藩主忠篤、藩士を率いて鹿児島へ留学する。大宝寺村に新徴屋敷を給与される。
明治四年（一八七一）	3	–	天野静一郎、切腹する。
	7	–	廃藩置県により、大泉藩は大泉県となる。
明治五年（一八七二）	**4**	–	**新徴組士、盟約を結ぶ。**
	7	**22**	**新徴組士、大量脱走する。**
	7	26	組士稲田隼雄は自殺、尾崎恭蔵は逮捕される。
	8	17	後田山（のち松ケ岡）の開墾がはじまる。
	10	15	組士桂田寛吾、切腹する。

明治六年（一八七三）	**2**	**27**	**組士、大量脱走する。**
	3	–	**脱走組士、司法省へ告訴する。**
	4	17	赤沢源弥ほか、東京鍛冶橋監獄へ送致される。
	5	–	金井質直ほか「県官奸悪十か条」を司法省へ提訴する（ワッパ事件）。
	8	19	酒田臨時裁判所で新徴組裁判が始まる。
明治七年（一八七四）	3	–	新徴組裁判の判決出る。

参考書目（本書「史料の出典について」掲示分を除外、発行年順）

渡辺一郎著『幕末関東剣術英名録の研究』（一九六七年渡辺書店発行）
小山松勝一郎著『清河八郎』（一九七五年新人物往来社発行）
同　著『新徴組』（一九七六年国書刊行会発行）
庄内人名辞典刊行会編集『新編庄内人名辞典』（一九八六年庄内人名辞典刊行会発行）
著者未詳「ぬまづ近代史点描一六　百姓・町人も武士になれた」（沼津市明治史料館編集『沼津市明治史料館通信』第七巻第二号〈通巻二六号〉、一九九一年同発行）
長尾　進著「近世・近代における剣術・剣道の変質過程に関する研究―面技の重視と技術の変容―」（明治大学人文科学研究所編『明治大学人文科学研究所紀要』第四〇号、一九九六年同発行）
宮地正人著『歴史のなかの新選組』（二〇〇四年岩波書店発行）
藤田英昭著「八王子出身の幕末志士　川村恵十郎についての一考察」（松尾正人編著『近代日本の形成と地域社会』二〇〇六年岩田書院発行）
宮地正人著『幕末維新変革史』上（二〇一二年岩波書店発行）
同　著『幕末維新変革史』下（二〇一二年岩波書店発行）

同　著『地域の視座から通史を撃て』（二〇一六年校倉書房発行）
西脇康校訂・編集『韮山反射炉関係資料集』第一巻上・下（二〇一九年伊豆の国市教育委員会文化財課発行）
保谷徹著「資料解説」（『韮山反射炉関係資料集』第一巻上所収、同年同発行）
西脇康校訂・編集『同』第二巻上・下（二〇二〇年同発行）
戸森麻衣子著「資料解説」（『韮山反射炉関係資料集』第二巻上所収、二〇二〇年同発行）
西脇康校訂・編集『同』第三巻（二〇二二年同発行）

甲斐・伊豆両国　浪士組・新徴組参加者の出自一覧表

氏名	国・郡名	村名	出自	新徴組
相原主膳	甲斐・巨摩	小笠原（御嶽）	社人	○
相川助次郎	甲斐・巨摩	谷戸	未詳	○
朝日奈一	未詳		未詳	
雨宮仁太郎（仁一郎）	甲斐・八代	東原	未詳	
荒井進左衛門	甲斐・都留	下吉田	未詳	
荒井縫右衛門	甲斐・都留	下吉田	百姓	○庄内入
飯塚謙一郎（謙輔長男）				○庄内入
飯塚謙輔	甲斐・八代	甲府（下一条町）	医者	○庄内入
石原新作（新蔵）	甲斐・八代	藤井	未詳	○庄内入
石原富蔵	未詳		未詳	
井上政之助	甲斐・巨摩	上三吹	百姓	○庄内入
井上半二郎（半次郎）	甲斐・都留	鳥沢	浪人	○
上野豊三	未詳			
上松左京（植松）	甲斐・巨摩	東井出	修験	○
内田佐太郎	甲斐・山梨	菱山	百姓	○庄内入
宇都宮栄太郎	未詳		未詳	
大森浜司（浜次）	甲斐・巨摩	大蔵	百姓	○庄内入

奥秋助司右衛門	甲斐・都留	駒橋	百姓	○庄内入
奥山喜三郎	甲斐・山梨	中	百姓	○
小沢定四郎	甲斐・？	（江戸住）	浪人	○
小沢信濃（信重郎・新十郎）	甲斐・都留	上吉田	社人	○庄内入
小沢為五郎	甲斐・山梨	山	百姓	○
小田切半平	甲斐・山梨	小瀬	百姓	○
小野将監（通太郎）	甲斐・都留	下吉田	社人	○
久保坂岩太	未詳		浪人	
桑原玄達	甲斐・都留	大明見	医者	○庄内入
小林平左衛門	甲斐・都留	下吉田	医者	○
三枝栄兵衛	甲斐・都留	麻留村住	浪人	○
佐藤久米（久策）	甲斐・都留	藤崎	郷士	○
塩沢羆熊太郎	甲斐・都留	落合住	修験	○
志田源四郎	伊豆・加茂	下田		
曽根半右衛門	甲斐・山梨	小佐手	百姓	○
高尾文助	甲斐・都留	小沼	百姓	○庄内入
竹井嘉助	未詳			
田辺富之輔（富之助）	甲斐・山梨	（下）於曽	百姓	○
千野栄太郎	甲斐・巨摩	西井出	未詳	
辻　隆介	甲斐・山梨	国府	未詳	
角田要人	甲斐・山梨	七日市（七日町）	浪人	

氏名	国・郡名	村名	出自	新徴組
出羽栄助	甲斐・巨摩	東井出	百姓	○
内藤銀之助（七之助養子）				○庄内入
内藤七之輔（七之助）	甲斐・巨摩	角田住	浪人	○庄内入
内藤矢三郎	甲斐・山梨	（下）於曽	浪人	○
中沢龍三（龍蔵）	甲斐・巨摩	小笠原	百姓	○庄内入
永島玄岱	甲斐・都留	（上）新倉	医者	○
中村健司	未詳	（富士山）	社人	○庄内入
中村左京	甲斐・都留	川口	未詳	
中村常右衛門	甲斐・山梨（武蔵・幡羅とも）	横吹（猶新堀）	百姓	○庄内入
中山武助	甲斐・山梨	勝沼	百姓	○庄内入
早川文太郎（太郎）	甲斐・都留	上暮地	百姓	
林　源造	伊豆・？		浪人	
平枝栄兵衛	甲斐・都留	鹿留	未詳	
古屋常三（常三郎・常吉）	甲斐・山梨	別所	百姓	○庄内入
森土鉞四郎	甲斐・山梨（巨摩住）	遠光寺（今福住）	浪人	○
山田周三郎（貢・秀三郎）	甲斐・都留	黒野田（名野川）	百姓	○庄内入
山本仙之助	甲斐・八代	甲府（元柳町住）	修験	○
依田熊太郎（熊弥太）	甲斐・山梨	下井尻	百姓	
若林宗兵衛（惣兵衛）	甲斐・八代	藤井	百姓	○庄内入

渡辺彦三郎	甲斐・都留	小沼	未詳	○
渡辺平作	甲斐・都留	下吉田	未詳	○庄内入
渡辺平馬	甲斐・都留	下吉田	未詳	
分部再輔	甲斐・都留	上暮地	浪人	○
分部宗右衛門（惣右衛門）	甲斐・都留	上暮地	浪人	○庄内入
分部彦五郎（惣右衛門養子）				○庄内入

【出典】 拙編著『新徴組の真実にせまる』（二〇一八年文学通信発行）

甲斐・伊豆両国の剣術史はまったく着手されていないらしく、関係自治体史などでも記述はほとんどない。地道な実証研究が望まれるとともに、たとえ断片であっても関係する史料や情報の発信・提供こそが、今後の浪士組・新徴組・新選組の研究を加速すると期待される。

索　引

■う

■お

■な

幕末大江戸のおまわりさん
——史料が語る新徴組

Documents telling the story of the Shinchogumi: Patrolmen of Bakumatsu Edo

日本史史料研究会ブックス 006

2021（令和 3）年 11 月 1 日　第 1 版第 1 刷発行

ISBN978-4-909658-65-4 C0221

監　修　日本史史料研究会（にほんし しりょう けんきゅうかい）

2007年、歴史史料を調査・研究し、その成果を公開する目的で設立。主な事業としては、①定期的な研究会の開催、②専門書籍の刊行、③史料集の刊行を行なっている。最近では、一般の方々を対象に歴史講座を開講し、同時に最新の成果を伝えるべく、一般書の刊行も行なっている。会事務所は、東京都練馬区石神井 5-4-16　日本史史料研究会石神井公園研究センター。主な一般向けの編著に『信長研究の最前線』『秀吉研究の最前線』（洋泉社・歴史新書y）、監修に『日本史を学ぶための古文書・古記録訓読法』（苅米一志著・吉川弘文館）、『戦国期足利将軍研究の最前線』（山田康弘編・山川出版社）、『関ヶ原大乱、本当の勝者』（白峰旬編・朝日新書）がある。

著　者　西脇　康（にしわき・やすし）

1956 年、岐阜県養老町生まれ。
東京大学史料編纂所所員（学術専門職員）。東京国立博物館客員研究員・国際学士院連合日本古貨幣総覧プロジェクト諮問委員会委員・日野市立新選組のふるさと歴史館運営審議会委員・日本計量史学会理事（副会長）など。元早稲田大学・東京農業大学講師。県立岐阜高校・早稲田大学第一文学部卒、同大学大学院博士課程後期満期退学。専攻は日本近世史・貨幣史、計測・分析科学、古金銀貨鑑定。
著書に『旗本三嶋政養日記』『絵解き金座銀座絵巻』『佐渡小判・切銀の研究』『甲州金の研究』『新選組・八王子千人同心関係史料集』『新徴組の真実にせまる』『大判座・金座の研究』など多数。映画時代考証に「必死剣鳥刺し」（平山秀幸監督）、「桜田門外ノ変」（佐藤純彌監督）など。

発行所　株式会社 文学通信

〒 114-0001　東京都北区東十条 1-18-1 東十条ビル 1-101
電話 03-5939-9027 Fax 03-5939-9094
メール info@bungaku-report.com　ウェブ https://bungaku-report.com

発行人　岡田圭介

装　丁　岡田圭介

印刷・製本　モリモト印刷

文学通信の本

☞全国の書店でご注文いただけます

『日本の歴史を描き直す
――信越地域の歴史像』

地方史はおもしろい 04
地方史研究協議会［編］

国境を超えて互いに影響を及ぼしあっていた、信越の大地・生活文化・宗教と信仰・近代化への道筋などの多様なトピックを、長いタイムスパンから影響関係に注目しながら読み解いていく。

ISBN978-4-909658-61-6 C0221
新書判・272 頁・本体 1,500 円（税別）

『日本の歴史を問いかける
――山形県〈庄内〉からの挑戦』

地方史はおもしろい 03
地方史研究協議会［編］

山形県庄内地域にゆかりある史料を読み解き、政治・文化・経済・人物など、さまざまなトピックから地域の歴史に迫ることで、日本の歴史全体への逆照射を試みた、まさに山形県庄内からの挑戦。地域史の面白さを存分に味わえる書。

ISBN978-4-909658-52-4 C0221
新書判・272 頁・本体 1,500 円（税別）